Suche hier die besten Kneipennamen!

Du willst ein neues Lokal aufmachen? Du hast keine Idee für einen besonderen Namen? Dann bist du hier genau richtig! Mein Buch sammelt die besten und allerbesten Kneipennamen in Deutschland.

Lesen und staunen!

aah-haa
Donaustr. 112

12043 Berlin

Aalreuse
Sülldorfer Landstr. 58

22589 Hamburg

Aalschokker
Kaiserswerther Markt 9

40489 Düsseldorf

ABC
Müllerstr. 114

13349 Berlin

Ab der Fisch
Moltkestr. 124

40479 Düsseldorf

Abendfrieden
Gottfried-Keller-Str.2

06118 Halle

Abendmahl
Florastr. 24

60487 Frankfurt

Abendroth
Eidelstedter Weg 1

20255 Hamburg

Abgedreht
Karl-Marx-Allee 140

10243 Berlin

Aber Hallo
Kreuzlingerstr. 46

78462 Konstanz

Abraxas
Friedrichstr. 1

37073 Göttingen

ABS
Gottesweg 135

50939 Köln

Abseits
Marktstr. 3

80802 München

Abseitsfalle
Hämmerlingstr. 80-85

12555 Berlin

Ab Sieben
Wendenstr. 29

20097 Hamburg

Absolut
Hirblingerstr. 4

86156 Augsburg

Absurd
Clemens-Schultz-Str. 84

20359 Hamburg

Aché
Wühlischstr.29

10245 Berlin

Achilles
Wolfhager Str. 189

34127 Kassel

Achteck
Wittenburger Str. 120

19059 Schwerin

Achterdeck
Leegerwall 1a

23570 Lübeck

Ach was
Lenhartzstr. 16a
20249 Hamburg

Admiral
Steinwaldstr. 17
66538 Neunkirchen

Adriatic
Marktstr. 189
46045 Oberhausen

Affenbrot
Kanalstr. 70
23552 Lübeck

Affenhaus
An der Untertrave 98
23552 Lübeck

Affentheater
Alt Fermersleben 32
39122 Magdeburg

Affentor
Paradiesgasse 67
60594 Frankfurt

Ahoi II
Großneumarkt 2
20459 Hamburg

Aktuell
Heesenstr. 8
41540 Dormagen

Akzent
Jean-Monnet-Str.39
79111 Freiburg

Aladdin
Maximilianstr. 68
86150 Augsburg

A la minute

Sasbacher Str. 7
79111 Freiburg

Albatros
Oberste Gasse 11
34117 Kassel

Albexpress
Fleischmannstr. 1A
73728 Esslingen

Alcapone
Offenbacher
Landstr. 321
60599 Frankfurt

Alcatraz
Schönberger Str. 143
24148 Kiel

Alde Schur
Werstener Friedhofstr.37
40591 Düsseldorf

Al Dente
Greifswalder Str. 29
10405 Berlin

Alf
Bauvereinstr. 43
90489 Nürnberg

Alheit
Leuschnerstr. 62A
34134 Kassel

Ali Baba
Kornstr. 46
28201 Bremen

Alibi
Bilker Allee 225
40215 Düsseldorf

Alligator
Kattenturmer

Heerstr. 36

28277 Bremen

Allrounder

Barsbütteler Str. 33

22043 Hamburg

Alltheklich

Eppendorfer Markt-platz 12

20251 Hamburg

Alleehaus

Nibelungenallee 29

60318 Frankfurt

Alle Neune

Duckwitzstr. 71

28199 Bremen

Alles Gute

Hanns-Eisler-Str. 2

10409 Berlin

Alles ist gut

Theodorstr. 11

33102 Paderborn

Alles wird Gut

Luruper Hauptstr. 43

22547 Hamburg

Allrounder

Barsbütteler Str.33

22043 Hamburg

Allways

Mörikestr.2

73033 Göppingen

Almhaus

Herrmannstr.220

35037 Marburg

Almkeller

Grötzinger Str.15

76227 Karlsruhe

Aloha

Am Alten Posthof 8

50667 Köln

Alpha

Galvanistr.10

90459 Nürnberg

Alptraum

Marktstr.33

38640 Goslar

Alt Eil

Bergerstr. 237

51145 Köln

Altstein

Bornholmer Str. 85

10439 Berlin

Alte Einsamkeit

Ebnerstr. 22

86154 Augsburg

Alte Gießerei

Fügerstr. 2

74076 Heilbronn

Alte Heid

Knappenstr.78

46047 Oberhausen

Alte Kate

Wiebischenkamp 40

22523 Hamburg

Alte Liebe

Thälmannstr.37

99085 Erfurt

Alte Rheinfähre

Fährerweg 22

40489 Düsseldorf

Alte Zeit

Krausenstr.15

30171 Hannover

Alter Baazi
Schwabacher Str.84

90439 Nürnberg

Alter Friese
Scholandstr.7

30629 Hannover

Alter Hut
Feilitzschstr.11

80802 München

Alter Simpel
Bohlenplatz 2

91054 Erlangen

Alter-Nativ
Rohrlachstr.76

67063 Ludwigshafen

Alter Ofen
Zieblandstr. 41

80798 München

Altes Druckhaus
Hecknerstr. 6

06449 Aschersleben

Altes Gewölbe
Altleutewitz 6

01157 Dresden

Altes Trämle
Komturstr.45

79106 Freiburg im Breisgau

Alt-Sülz
Berrenrather Str. 246

50939 Köln

Am Ende
Amendestr. 18

13409 Berlin

Am Glücksberg

Draisdorfer Str. 62

09114 Chemnitz

Am Mondschein
Salzkottener Str.77

59557 Lippstadt

Am Opferhaus
Kelsweg 2

40472 Düsseldorf

Am Pümpchen
Donatusstr.10

50767 Köln

Am Schüttstall
Mauerstr. 81

44532 Lünen

Am Sender
Vorgebirgstr.332

50969 Köln

Am Verteiler
Solinger Str. 4

51103 Köln

Am Zuschlag
Neumühler Str.78

47138 Duisburg

Amboss
Kunigundenstr.11

67433 Neustadt

Ampulle
Augustenstr. 31/A

70178 Stuttgart

Amtsfeld
Pablo-Neruda-Str. 3

12559 Berlin

Amtsschimmel
Arndtstr. 44

04275 Leipzig

Analyse
Lütticher Str. 30
50674 Köln

An de Bud
Kirchplatz
40217 Düsseldorf

An de Pomp
Drießendorfer Str.35
47798 Krefeld

An der Lache
An der Lache
99086 Erfurt

Anderland
Berckhauserstr.5
90409 Nürnberg

Anders Als
Schanzenstr.9
35390 Gießen

Angenehm
Weinbrennerstr.30
76135 Karlsruhe

Anleger
Rohrstr. 11
28757 Bremen

An'n Schlagbaum
Weseler Str. 269
48151 Münster

Anti
Jahnstr. 36
80469 München

Antik
Friedrich-Engels-
Str. 23
19061 Schwerin

Apollon

Trierer Str. 12
99423 Weimar

Apfel
Königstr. 78
47198 Duisburg

Apfelbaum
Dr.-Hans-Frisch-Str.7
95448 Bayreuth

Apfelkoch
Innstr. 82
94036 Passau

Apfelsinchen
Große Str. 32
24937 Flensburg

Apothek
Kirchstr.14
73033 Göppingen

Apollo
Zöllmener Str. 41
01157 Dresden

Apostel
Römerstr. 250
47178 Duisburg

Applaus
Münzgasse 5
01067 Dresden

Arche Noah
Nördliche Ringstr.29
73033 Göppingen

Arena
Schwarzwaldstr.2
79102 Freiburg im Breisgau

Armer Ritter
Rheinzollstr.8
56068 Koblenz am Rhein

Aroma
Münzplatz 11
20097 Hamburg

Arschleder
Schillerstr.54
44147 Dortmund

Art
Kaiserstr. 217
76133 Karlsruhe

Artenreich
Zschopauer Str.30
09111 Chemnitz

Artlsst
Ostendorfer Str. 13
27726 Worpswede

Aspekt
Bertoldstr.26
79098 Freiburg im Breisgau

Assel
Oranienburger Str. 21
10178 Berlin

Assisi
Am Landpflege-
heim 53
22549 Hamburg

Astloch
Flaschenhofstr.20
90402 Nürnberg

Astroklause
Oberstr.50
06449 Aschersleben

Atempause
Bergmannstr.52
10961 Berlin

Atrium

Josef-Haubrich-Hof 3
50676 Köln

Au Camembert
Lärchenstr.2
30161 Hannover

Aubergine
Marktstr. 4
38640 Goslar

au lait
Kantstr. 110
10627 Berlin

Auf dem Berg
Auf dem Berg 66
47228 Duisburg

Auf der Alm
Steingutstr.10
92224 Amberg

Auf der Enge
Richterstr.1
41470 Neuss

Auf der Heide
Rahmer Str.80
44369 Dortmund

Auflauf
Steinweg 1
35037 Marburg

Auf'm Berg
Rhynerberg 11
59069 Hamm

Auf'm Felde
Allensteiner Str.45
44369 Dortmund

Auf'm Kamp
Selbecker Stieg 26
58091 Hagen

Aufsturz
Oranienburger Str. 67

10117 Berlin

Augenblick
Kyawstr.11

01259 Dresden

Aura
Louisenstr. 45

01099 Dresden

Aurora
Rellinger Str.25

20257 Hamburg

Aurum
Speicherstr. 11

19055 Schwerin

Ausserhalb
Straßburger Allee 8

67657 Kaiserslautern

Ausgang
Baaderstr. 68

 80469 München

Ausspann
Kasseler Str. 41

33098 Paderborn

Ausspanne
Pillnitzer Landstr. 298

01326 Dresden

Ausweg
Frankfurter Str.183

35392 Gießen

Automeile
Bötzinger Str.68

79111 Freiburg im Breisgau

Avantgarde
Welperstr. 49

45525 Hattingen

Avanti
Wilsonstr.45

22045 Hamburg

Axt
Adlerstr.23

68199 Mannheim

Azzurro
Kommerner Str.174

53879 Euskirchen

Babalapub
Augustenstr. 70

70178 Stuttgart

BaBaLu
Inninger Str.22

86179 Augsburg

Baby
Fritz-Reuter-Str.24

27568 Bremerhaven

Babylon
Frankenthaler Str.78

67059 Ludwigshafen am Rhein

Bach
Adolf-Flecken-Str.9

41460 Neuss

Backatelle
Eißendorfer Str.59

21073 Hamburg

Backblech
Hintergasse18

67433 Neustadt

Backsta
Königsallee 1

95448 Bayreuth

Backstage
Wohlwillstr. 50

20359 Hamburg

Backe Matthes
Kreuzauer Str.105

52355 Düren

Backmulde
Schiffgasse11

69117 Heidelberg

Backöfle
Mittelstr.11

30169 Hannover

Backskiste
Vorderreihe 65a

23570 Lübeck

Backwerk
Zieblandstr. 22

80798 München

Bächle
Moltkestr.62

67655 Kaiserslautern

Bähnle
Rheinstr. 82

76275 Ettlingen

Bahnhöfle
Bahnhofstr. 2

72202 Nagold

Balon
Hauptstr. 4

75323 Bad Wildbad

Ball
Emil-Frommel-Str. 1A

76131 Karlsruhe

Ballhaus
Klenzestr. 71

80469 München

Balz
Jury-Gagarin-Ring 153

99084 Erfurt

Basis
Baaderstr. 68

80469 München

Bambino
Kaiser-Wilhelm-Ring 23

55118 Mainz

Bambus
Leutweinstr. 2

28219 Bremen

Barbar
Krumme Str. 41

10627 Berlin

Barzillus
Jüdefelderstr.41

48143 Münster

Bast
Kasselberger Weg 101a

50769 Köln

Bass
Münsterstr.95

44145 Dortmund

Baßgeige
Bäckerklint 1

38100 Braunschweig

Bauerngirgl
St.-Bonifatius-Str.3

81541 München

Bauerntanz
Bauerntanzgäßchen 1

86150 Augsburg

Bauernwärtla

Sophienstr.14

95444 Bayreuth

Bauhütte

Könneritzstr.42

04229 Leipzig

Baumhaus

Bötzowstr.30

10407 Berlin

Bauverein

Hardstr. 47

90766 Fürth

Bazille

Holtenauer Str.73

24105 Kiel

Beichtstuhl

Falkenstr. 54

28195 Bremen

Bei d'r Tant

Piwipper Str.4a

41539 Dormagen

Bei Kümmel

Wiebringhausstr.2

45896 Gelsenkirchen

Bei mir

Eifelstr.37

50677 Köln

Bei mir zu Haus

Vogelsanger Weg 81

50858 Köln

Bei Muttern

Schönfelder Str.2

01099 Dresden

Bei Nulla

Lange Rötterstr.7

68167 Mannheim

Bei Papa

Am Stadion 2

27755 Delmenhorst

Bei Schlawinchen

Schönleinstr.34

10967 Berlin

Beim Haberer

Münzbergstr.10

85049 Ingolstadt

Beim Herrn Kurt

Predigerberg 6

86150 Augsburg

Beissl

Otto-Fischer-Str. 1

50674 Köln

Beluga

Berliner Allee 40

40212 Düsseldorf

Bergfort

Hermannstr.1

45327 Essen

Berliner Molle

Hundestr.70

23552 Lübeck

Bermuda

Podbielskistr. 301

30655 Hannover

Berufung

Oranienstr. 19

65185 Wiesbaden

Besenkammer

Rathausstr. 1

10178 Berlin

Best

Hambacher Str. 40

76187 Karlsruhe

Between

Im Ferkulum 9

50678 Köln

Bi Ba Bo

Engertstr.36

04229 Leipzig

Bieberbau

Durlacher Str.15

10715 Berlin

Bienenheim

Bienenheimstr.11

81249 München

Bierakademie

Wattenscheider Hellweg 49

44869 Bochum

Bierarium

Theaterstr.9a

75175 Pforzheim

Bierathlon

Lindstockstr.2

45527 Hattingen

Bierbrunnen

Nedderfeld 70

22529 Hamburg

Bieberbau

Durlacher Str. 15

10715 Berlin

Bierbauch

Neumühlweg 110

90449 Nürnberg

Bier-Box

Sterkrader Str.92

47166 Duisburg

Bierteufel

Im Schlenk 69

47055 Duisburg

Bierbrezel

Zollernplatz3

73734 Esslingen

Bierchen

Fleiner Str.15

74072 Heilbronn

Bierdeckl

Nerbstr.8

85250 Altomünster

Bierdeele

Burgunderstr.28

44263 Dortmund

Bierdoktor

Augustastr.2c

47441 Moers

Bierdorf

Mittelweg 141

20148 Hamburg

Bier Esel

Breite Strasse 114

50667 Köln

Bierexpress

Neue Bahnhofstr. 33

10245 Berlin

Bier Fakultät

Strausberger Platz 1

10243 Berlin

Bierglocke

Petersburger Str.45

10249 Berlin

Biergrund

Kegelbahn 34

65931 Frankfurt am Main

Bierhaus
Oberwallstr.45
47441 Moers

Bierhexle
Bahnhofstr. 8
70372 Stuttgart

Bierhöfchen
Habsburgerallee 95
60385 Frankfurt am Main

Bierkanne
Bremer Platz 6
48155 Münster

Bierkarussel
Frankfurter Str.36
35392 Gießen

Bierkessel
Volkradstr. 24
10319 Berlin

Bierkistl
Hohfederstr.17
90489 Nürnberg

Bierklinik
Körnerstr.8
85055 Ingolstadt

Bierkontor
Brunnenstr.8
34130 Kassel

Bierlaune
Heesestr. 2
12169 Berlin

Biernest
Fasanenweg 28B
35394 Gießen

Bierpinsel
Philippstr.11

76185 Karlsruhe

Biers
Corneliusstr.1
50678 Köln

Bierschämme
An der Untertrave 37
23552 Lübeck

Bierstadl
Nürnberger Str.18 b
91522 Ansbach

Bierspiegel
Weinbrennerstr. 30
76135 Karlsruhe

Bierstubb
Dreieichstr.3
60594 Frankfurt am Main

Biertreff
Prinzenallee 2
13357 Berlin

Biertrichter
Plochinger Str.33
73730 Esslingen

Biertöpfle
Osterbronnstr. 64a
70565 Stuttgart

Biertunnel
Bahnhofplatz 2
55116 Mainz a Rhein

Bierwurm
Thalkirchner Str.53
80337 München

Biesler
Sophienstr.6
30159 Hannover

Big Apple

Kirchgasse 66

65183 Wiesbaden

Big Boy

Eigelstein 117

50668 Köln

Bikini

Lessingstr.8

27568 Bremerhaven

BilderBuch

Akazienstr. 28

10823 Berlin

Bilderpinte

Naugarder Str. 7

10409 Berlin

Bingo

Große Freiheit10

22767 Hamburg

Binokel

Friedrich-Engels-

Str. 64

99086 Erfurt

Bis(s)

Johannisstr.38

90419 Nürnberg

Bitchen

Hauptstr.39

68259 Mannheim

Bla-Bla

Seevepassage 1

21073 Hamburg

Black

Danziger Str.21

20099 Hamburg

Blankennagel

Tückingstr.33

58135 Hagen

Blasebalg

Karlsruher Str.3

68219 Mannheim

Blattgrün

Carl-Petersen-Str. 99

20535 Hamburg

Blattlaus

Neltestr. 19D

12489 Berlin

Blauer Flieder

Stotternheimer Str. 43

99086 Erfurt

Blaustrumpf

Möhringer Str. 64A

70199 Stuttgart

Blaubart

Augustastr. 80

47199 Duisburg

Blaulicht

Gärtnergasse 4

55116 Mainz

Blaue Stunde

Herrngasse 377

84028 Landshut

Blaues Wunder

Kaiserstr.9

76131 Karlsruhe

Blaulicht

Mainzer Str.37

67657 Kaiserslautern

Blechnapf

Gartenstr.10

24534 Neumünster

Blechtrommel

Kurpfalzstr.12

67435 Neustadt

Bleibtreu

Tischbeinstr.123

34121 Kassel

Bleiche

Badstr. 63

77652 Offenburg

Bleichstüble

Bleichstr.19

86153 Augsburg

B'liebig

Liebigstraße 24

01187 Dresden

Blickfang

Basaltstr.13A

60487 Frankfurt am Main

Blindes Eck

Königsberger Str.13

86165 Augsburg

Blinkfeuer

Bussestr. 21a

27570 Bremerhaven

Blinkturm

Fährstr. 6

27568 Bremerhaven

Blitz

Pariser Str. 44

67655 Kaiserslautern

Blockhütte

Friesische Str.63a

24937 Flensburg

Bloomaul

Alphornstr.36

68169 Mannheim

Blues Cafe

Oberländer Str.45

86163 Augsburg

Blüh Auf

Auf der Wettern 1

28237 Bremen

Blümchen

Am Fuchsberg 22

39112 Magdeburg

Blume

Unterdorf 2

79112 Freiburg im Breisgau

Blumenfeld

Leipziger Str. 40

99085 Erfurt

Blumenhalle

Blumenhaller Weg 86

49078 Osnabrück

Blumenheckstüble

Hohenstaufenstr.42

75177 Pforzheim

Bobbeschänkelsche

Wasserhofstr.32

60599 Frankfurt am Main

Bobbestübchen

Hessestr.3

60439 Frankfurt am Main

Bock

Schlößlanger 10a

80939 München

Bocksbeutelkeller

Frauentorgraben 29

90443 Nürnberg

Bohne
Berger Str. 111

60385 Frankfurt

Bolschoi
Zwischenhausen 22

35037 Marburg

Bomml
Friedrichstr.34

91054 Erlangen

Bonaparte
Liebigstr.66

35392 Gießen

Bonnie & Clyde
Heinrich-Baumann-
Str. 24

70190 Stuttgart

Bon Jour
Wilhelmstr. 5a

18586 Sellin / Rügen

Bonsai
Kranoldplatz 2

12209 Berlin

Boogaloo
Bahnhofstr.18

09111 Chemnitz

Boomsäge
Schäferstr.2

06849 Dessau

Bootshaus
Fechenheimer Leinpfad 1

60386 Frankfurt/Main

Borste
Weidenallee 24

20357 Hamburg

Bösecke
Wartburgstr.3

99094 Erfurt

Bossanova
Lange Str.37

38100 Braunschweig

Botanic
Bahnhofstr.3

71638 Ludwigsburg

Böhmisches Dorf
Kirchgasse 1

12043 Berlin

Bötelstube
Alter Markt 9

39104 Magdeburg

Bottich
Hofherrnstr.81

73434 Aalen

Boxenstop
Mühlhauser Str.54m

86169 Augsburg

Brand
Friedrich-Humbert-
Str. 144

28759 Bremen

Brandeck
Zeller Str.44

77654 Offenburg

Brandner Kaspar
Sommerstr.39

81543 München

Bratbecker
Wendenstr. 39-41

38100 Braunschweig

Bratpfandl

Holzmarkt 2
85049 Ingolstadt

Bratwurst-Häusle
Rathausplatz 1
90403 Nürnberg

Bratwurstherzle
Brunnengasse 11
90402 Nürnberg

Braunbierhaus
Kanzleistr.15
95444 Bayreuth

Brause
Wiesenthalstr.6
85356 Freising

Bravo
Vaihinger Str. 69
70567 Stuttgart

Break Point
Wanner Str.33
45888 Gelsenkirchen

Brecherspitze
St.-Martin-Str.38
81541 München

Breit
Schleiermacherstr. 45
51063 Köln

Breitengrad
Gefionstr.3
22769 Hamburg

Breivogel
Bayernstr. 43
67061 Ludwigshafen

Bremsklotz
Fritz-Erler-Str.4
52349 Düren

Bremsspur
Wehrdaer Weg 24
35037 Marburg

Brennessel
Eschholzstr.17
79106 Freiburg

Brett
Katharinenplatz 1
70182 Stuttgart

Brett'l
Grainauer Str. 11
10777 Berlin

Brezel
Riegelpfad 56
35392 Gießen

Brezgablase
An der Stadtkirche 8
73430 Aalen

Briefkästchen
Landgrafenstr.166
44139 Dortmund

Broccoli
Paul-Heyse-Str.23
80336 München

Bröselstube
Am Steinhügel 5
58636 Iserlohn

Brotmaus
Tauernallee 40
12107 Berlin

Brot u. Rosen
Am Friedrichshain 6
10407 Berlin

Bruchbude
Zscherbener Landstr.

06126 Halle
Bruder Barnabas
Bereiteranger18
81541 München
Brücke
Tauroggener Str. 2
10589 Berlin
Brückerl
Goteboldstr.189
81249 München
Brünnele
Moltkestr.7
77654 Offenburg
Brummistad'l
Edinger Riedweg 49
68219 Mannheim
Brutzel Stube
Rathausstr.10
38644 Goslar
B-trieb
Kreuzstr.103
44137 Dortmund
Bub
Schnieglinger Str. 228
90427 Nürnberg
Buch
Oeserstr. 73
65934 Frankfurt
Buck
Feldtmannstr. 143
13088 Berlin
Buddha
Grolmanstr. 27
10623 Berlin
Buddelschiffchen

Gröpelinger Heerstr. 227
28239 Bremen
Bufee
Hussenstr.3
78462 Konstanz
Buffalo
Kaiserhofstr.18
60313 Frankfurt am Main
Bullauge
Sülldorfer Landstr.39
22589 Hamburg
Bullenkopp
Alter Fischmarkt 24
48143 Münster
Bulli
Kammerstr.60
47057 Duisburg
Bugatti
Seeburger Str. 8
13581 Berlin
Bumerang
Wellritzstr. 18
65183 Wiesbaden
Bummelbahn
Mörfelder Landstr. 167a
60598 Frankfurt
Bundschuh
Friedrichstr. 14
76229 Karlsruhe
Bunte Bühne
Jülicher Str. 8
13357 Berlin
Bunker
Rosenplatz 7
09126 Chemnitz

Bunsenbrenner
Bunsenstr.2
40215 Düsseldorf

Bunte Kuh
Engelhardsgasse33
90402 Nürnberg

Burenwirt
Altostr.7
81245 München

Burgermeister
Kölnstr.37
52349 Düren

Butze
Barbarossastr. 9A
28329 Bremen

Buschfunk
Zschopauer Str. 48
09111 Chemnitz

Buschfunk
Zschopauer Str.48
09111 Chemnitz

Buschwindröschen
Bonner Str.84
50677 Köln

Butt
Maximilianallee16
04129 Leipzig

Butterstulle
Marienstr. 25
10117 Berlin

Butzenstübchen
Schäfergasse 22
60313 Frankfurt am Main

Cafe Buss
Neue Str.17

21073 Hamburg

Cafe Comeback
Birkenstr.20
40233 Düsseldorf

Cafe Glatteis
Seeuferstr.25
58636 Iserlohn

Café Größenwahn
Bagelstr.96
40479 Düsseldorf

Cafe Heftig
Kastell 1A
47441 Moers

Cafe Kutsche
Franz-Mehring-Str.17
09112 Chemnitz

Cafe Lust
Residenzstr.19
13409 Berlin

Café Muckefuck
Kreuzstr.69
44139 Dortmund

Café Ohne
Altenhof 8
56068 Koblenz am Rhein

Café Satz
Wiederhofstr.36
47798 Krefeld

Cafe Solo
Rutschbahn 17
20146 Hamburg

Cafe Suspect
Rotlintstr.32
60316 Frankfurt am Main

Cafe Uhrlaub

Lange Reihe 63
20099 Hamburg

Café Untreu
Bremer Str.158
49086 Osnabrück

Café usw.
Westendstr.75
60325 Frankfurt am Main

Cafe Zufall
Liebenauer Str.158
06110 Halle

Café duft
Theresienstr.22
94032 Passau

Calafatti
Fischergasse 4
85354 Freising

Canale Grande
Gittruper Str.18
48157 Münster

Canape
Steglitzer Damm 68
12169 Berlin

Caramba
Hansaring 9
48155 Münster

Carambolage
Kaiserstr.21
76131 Karlsruhe

Carneval
Auf den Häfen 1215
28203 Bremen

Cartoon
Albanikirchhof 5
37073 Göttingen

ca'ro
Kamenzer Str. 17
01099 Dresden

Carussell
Schützenstr.26
63450 Hanau

Casablanca
Schloßstr.3
40477 Düsseldorf

Cash
Duisburger Str. 182
47166 Duisburg

Catakombe
Hochstr.71
58095 Hagen

Chagall
Kollwitzstr. 2
10435 Berlin

Chamäleon
Adersstr. 29-31
40215 Düsseldorf

Chaos
Mühlstr.36
64283 Darmstadt

Chaplin
Erlanger Str.2
95444 Bayreuth

Charivari
Gymnasiumstr.28
74072 Heilbronn

Cherie
Am Marstall 5
30159 Hannover

Christoffel
Michaelisstr. 41

99084 Erfurt

Chörlein

Lorenzer Str.25

90402 Nürnberg

Cin Cin

Frenssenstr.20

27576 Bremerhaven

Clamotte

Große Neugasse 34

50667 Köln

Cleopatra

Bahnhofstr.8

78462 Konstanz

Clip

Marsilstein 29

50676 Köln

Clou

Oberkirchplatz 10

03044 Cottbus

Cockpit

Rutesheimer Str. 30

70499 Stuttgart

Coco Loco

Hohe Str.61

44139 Dortmund

Cocolores

Wurzener Str.43

01127 Dresden

Cocoloris

Schulstr.15

80634 München

Colibri

Utzschneiderstr. 8

80469 München

Comeback

Charlottenstr.60

40210 Düsseldorf

Compot

Obergraben 7

01097 Dresden

Comturei

Ostertorstr. 30

28195 Bremen

Conkurens

Verler Str. 250

33332 Gütersloh

Consilium

Wanner Str.1

45879 Gelsenkirchen

Coole Wampe

Bismarckstr.60

13585 Berlin

Cooperativa

Jahnstr. 35

80469 München

Coq

Weiße Gasse 8

86150 Augsburg

Coupe

Gottesauer Str.5

76131 Karlsruhe

Cover

Friedrich-Karl-Str.28

46045 Oberhausen

Coyote

Saarbrücker Str.16

66538 Neunkirchen

Cralle

Hochstädter Str. 10A

13347 Berlin

Crambambuli
Meußlitzer Str.47
01259 Dresden

Crash
Heinrichstr.18
36037 Fulda

Crempel
Kestnerstr.4
30159 Hannover

Culinarius
Dürener Str.193
50931 Köln

Dachsbau
Bruchstr.3
32756 Detmold

Da-Da
Wilhelmstr.9
52349 Düren

Dächle
Weststr.45
74072 Heilbronn

Dämmerschoppen
Hölscherstr.6
45894 Gelsenkirchen

Daddel Du
Hafendamm 7
24937 Flensburg

Daddys
Stephanstr.2
50676 Köln

Daheim
Dorfstr. 47
18551 Lohme / Rügen

Dampfbierbahnhof
Im Engelbrauck3
44532 Lünen

Dampflok
Aegidistr.80
46240 Bottrop

Dampfnudelbäck
Johannisstr.34
90419 Nürnberg

da noi
Wolfratshauser Str. 206
81479 München

Dapp Noi
Kohlplatz 6
67433 Neustadt

Daruma
Stadtdeich 1
20097 Hamburg

Das Bierich
Lahnstr.21
28199 Bremen

Das blaue Haus
Kreuzstr.16
48143 Münster

Das Brötchen
Börsenstr.14
47051 Duisburg

Das Büdchen
Kessenicher Str.32
53879 Euskirchen

Das Ding
Wöhlerstr.34
30163 Hannover

Das Ei
Selmastr.9
30451 Hannover

Das Treppchen

Paulinenstr.57
32756 Detmold

Das Versteck
Motzstr.78
10779 Berlin

Dat Bagätt
Hultschiner Str.89
47055 Duisburg

Datscha
Veddeler Damm 12
20539 Hamburg

Dax
Rahmhofstr. 4
60313 Frankfurt

Dax Bier-Börse
Küchenstr.1
38100 Braunschweig

De Köök
Karlstr.14
23554 Lübeck

De Schluck
Max-Braun-Str.44
66538 Neunkirchen

De Wattenläuper
Alsterdorfer Str.9
22299 Hamburg

Debakel
Limmerstr.92
30451 Hannover

Dee & Dee
Zerbster Str.5
06844 Dessau

Dehbaschi
Dachauer Str.36
80335 München

Deichgraf
Deichstr.23
20459 Hamburg

Deichkieker
Alte Str.22
28777 Bremen

Der Bunte Vogel
Alter Steinweg 41
48143 Münster

Der Eismacher
Balanstr.174
81549 München

Der flotte Gourmet
Wachtelstr.1
47839 Krefeld

Der kleine Wirt
Beckerberg 10
21073 Hamburg

Der Küchenchef
Mont-Cenis-Str.194
44627 Herne

Der Pferdenarr
St. Petersburger Str. 22
01069 Dresden

Der Plattenspieler
Berliner Str. 84
01067 Dresden

Der Saftladen
Waldstr.56
76133 Karlsruhe

Der Sattmacher
Eigenstr.45
47053 Duisburg

Der Tisch

Nymphenburger Str.1
80335 München

Der Topf
Wormser Str. 43
67071 Ludwigshafen

Dern
Rodheimer Str.36
35398 Gießen

Desperado
Wilhelmstr. 5A
18586 Sellin / Rügen

Destille
Kirchplatz 2
45525 Hattingen

Deutsche Flotte
Plauener Str.50
95028 Hof

Deutscher Hammer
Warendorfer Str.148
48145 Münster

Dezibel
Scharnweberstr. 54
10247 Berlin

Diablo
Plauenscher Ring 10
01187 Dresden

Diagonal
Kreuzstr.12
85049 Ingolstadt

Diamant
Schmidtstr.80
44793 Bochum

Dibbern
Elisabethstr.64b
24143 Kiel

Dick & Doof
Segerothstr.77
45141 Essen

Dicke Wirtin
Carmerstr.9
10623 Berlin

Dicker Engel
Birkenstr.44
10551 Berlin

Dicker Wirt
Danckelmannstr.43
14059 Berlin

Die 13
Köhnckeweg 13
21033 Hamburg

Die Auster
Heilig-Grab-Gasse 1
86150 Augsburg

Die Bierpumb
Frauenlobstr.59
55118 Mainz a Rhein

Die Bratkartoffel
Lisztstr.178
67061 Ludwigshafen

Die Bratwurst
Flinger Str.28
40213 Düsseldorf

Die Falle
Am Wasserturm 47
13089 Berlin

Die Gastronomie
Besenbinderhof 57
20097 Hamburg

Die Gemeinnützige

Königstr.5
23552 Lübeck
Die gute Stube
Pfalzburger Str.24
10719 Berlin
Die Kiste
Kurze Str.20
40213 Düsseldorf
Die Kurve
Goebenstr.18
40477 Düsseldorf
Die Lausbuam
Vacher Str.14
90766 Fürth
Die Nudel
Hauptstr.12
91054 Erlangen
Die Oper
Bielefelder Str.56
33104 Paderborn
Die Pinte
Volkardeyer Weg 12
40472 Düsseldorf
Die Putte
Lösseler Str.30
58644 Iserlohn
Die Schatulle
Muhrenkamp 7
45468 Mülheim an der Ruhr
Die Spaßkneipe
Dreieichstr.10
60594 Frankfurt am Main
Die Spelunke
Parzgasse 1
94032 Passau

Die Spezerei
Neugasse 1
69117 Heidelberg
Die Terrine
Grindelallee 158
20146 Hamburg
Die tolle Knolle
Leipziger Str.75a
99085 Erfurt
Die Trepp nuff
Hubenstr.20
68305 Mannheim
Die Uhr
Hamburger Str.265
28205 Bremen
Die Waschküch
Fahrer Str. 9
56567 Neuwied
Die Wampe
Bismarckstr. 60
13585 Berlin
Die Weinkiste
Karolinenstr.16
95028 Hof
Die Zwanzig
Industriestr.20
04229 Leipzig
Die Zwei
Vorgebirgstr.178
50969 Köln
Die Zwillinge
Heußweg 22a
20255 Hamburg
Diener
Grolmanstr. 47

10623 Berlin

Dienstuhl
Rummenohler Str.11

58091 Hagen

Diesel
Dagobertstr.11

55116 Mainz a Rhein

Diesseits
Grempstr. 24

60487 Frankfurt am Main

Dill sin Döns
Elbuferweg 95

22609 Hamburg

Dillgurke
Kurfürstenstr.40

10785 Berlin

Dingsda
Berner Chaussee 78

22175 Hamburg

Diplomat
Weserstr.35

60329 Frankfurt am Main

Diskothek Village
Westenhellweg 85

44137 Dortmund

Distel
Von-Werth-Str.48

50670 Köln

Distelfarm
Auerbachstr. 80

70376 Stuttgart

Divan
Sternstr.61A

40479 Düsseldorf

Dockland

Hafenweg 17

48155 Münster

Doctor Flotte
Hauptstr.130

69117 Heidelberg

Dolce Vita
Friedberger Str. 153

86163 Augsburg

Domi Ziel
Veringstr.99

21107 Hamburg

Domino Bier-Bar
Dominikanergasse14

86150 Augsburg

Domhof
Domhof 6

19055 Schwerin

Dompfaff
Domplatz 5

06108 Halle

Don Camillo
Oppelner Str.20

10997 Berlin

Don Pancho
Wilhelmstr.1

53879 Euskirchen

Dönerland
Am Sande 43a

21335 Lüneburg

Donisl
Weinstr.1

80333 München

Donnerbalken
Friesenstr.44

39108 Magdeburg

Donnerschlag
Hillmannstr.4
28195 Bremen

Donnerwetter
Donnerstr.255
45357 Essen

Dö-Pi
Großflecken 37
24534 Neumünster

Doping
Carl-Diem-Weg 6
50933 Köln

Doppeldecker
Gerbergasse 9
36037 Fulda

Doppelpunkt
Am Wedem 5
45899 Gelsenkirchen

Dorfaue
Alt-Wittenau 56
13437 Berlin

Dorfschmiede
Hügelstr. 168a
60431 Frankfurt

Dornkiste
Bruno-Taut-Ring 116
39130 Magdeburg

Dose
Schiffbrücke 28
24939 Flensburg

Double
Brüsseler Str. 47
50674 Köln

Dr. Bier
Dreikönigstr. 13

76187 Karlsruhe

Dr. Flotte
Zülpicher Platz 9
50674 Köln

Drahtesel
Hingbergstr.371
45472 Mülheim an der Ruhr

Drakkar
Metzstr.20
81667 München

Dreckspatz
An den Quellen 10
65183 Wiesbaden

Drehpendel
Am Wolfsfeld 52
65191 Wiesbaden

Drehscheibchen
Kortumstr.100
44787 Bochum

Drehscheibe
Alfredstr.21
45130 Essen

Dreiangel
Appenweierstr. 4
77652 Offenburg

drei x drei
Zuschka 38
03044 Cottbus

Drei Raben
Alt Niederursel 27
60439 Frankfurt am Main

Drei Ritter
Johannisstr. 9
84034 Landshut

Drei Rosen

Blücherstr.27
86165 Augsburg

Dreispitz
Brandenburger Str. 32
14467 Potsdam

Dreschflegel
Frankenbacher Str. 30
74078 Heilbronn

Droika
Sedanplatz 5
65183 Wiesbaden

Drosselbart
Eschersheimer Landstr. 607
60433 Eschersheim

Drübbelken
Buddenstr.14
48143 Münster

Düppeleck
Grenzstr. 210
46045 Oberhausen

Druckhaus
Wasserturmstr.8
91054 Erlangen

Dschungel
Viktoriastr.36
47443 Moers

Du und ich
Seilerstr.38a
20359 Hamburg

DU und I Stüberl
Schleißheimer Str.45
80797 München

Duck's
Birckholtzweg 18
22159 Hamburg

Dudelecke
Dammstr.38
74076 Heilbronn

Dudelsack
Auf dem Rain 5
86150 Augsburg

dudl di-dum
Elbgaustr.128
22547 Hamburg

Dum Di Dum
Auf dem Königslande 31
22041 Hamburg

Durchblick
Alcide-de-Gasperi-Str. 5
65187 Wiesbaden

Durst
Weidengasse 87
50668 Köln

Duselbeck
Adam-Klein-Str.19
90429 Nürnberg

D-Zug
Ahlener Str.47
59073 Hamm

D-Zügle
Bahnhofstr.18
71638 Ludwigsburg

Easy
Maybachstr. 16
78467 Konstanz

Eckensteher
Aroser Allee 85
13407 Berlin

Edelweiss
Schweizer Str.96

60594 Frankfurt am Main

Eden

Dorfstr. 1

18586 Baabe / Rügen

Egal

Orleansstr. 39

81667 München

Eichelhäher

Oppelner Str. 22

65205 Wiesbaden

Eichhaus

Aue 32

39126 Magdeburg

Eierschale

Paradeplatz 21

85049 Ingolstadt

Eierkuchen

Riemeisterstr. 129

14169 Berlin

Eigenart

Hochstr.12

58511 Lüdenscheid

Einblick

Nibelungenring 69A

04279 Leipzig

Einhorn

Kavalierstr.1

06844 Dessau

Eintracht

Oeder Weg 37

60318 Frankfurt

eins : null

Lichtstr.63

40235 Düsseldorf

Eins A

Pirmasenser Str.1a

67655 Kaiserslautern

Einstein

Mühlstr.5

35390 Gießen

Eisbär

Marktplatz 4

73728 Esslingen am Neckar

Eisblume

Mühlhäuser Str. 13

99092 Erfurt

**Eiscafé
Eiszauber**

Castroper Str.92

44357 Dortmund

Eiscafe Polar

Hammerweg 4

99087 Erfurt

Eisenwaren

Schlesische Str. 18

10997 Berlin

Eisgrotte

Görlitzer Str. 4

01099 Dresden

Eisscholle

Alt Westerhüsen 33

39122 Magdeburg

Eiszeit

Mittelweg 46

20149 Hamburg

Elan

Friedrich-Ebert-Str.8a

48153 Münster

Electra

Harpener Str.25

46045 Oberhausen

Elfmeter

Weserstr.58

12045 Berlin

Ellipse

Mühlentor 13

58636 Iserlohn

Em Bierstüffge

Graf-Geßler-Str.1

50679 Köln

Em Kannebüttche

Merowingerstr.55

50677 Köln

Empore

Marktstr. 34

60388 Frankfurt

Em Röggelchen

Sülzburgstr.90

50937 Köln

En d'r Brodpann

Hamburger Str.2a

50668 Köln

Endle

Kaiserstr. 241a

76133 Karlsruhe

Endstation

Koloniestr. 233

47057 Duisburg

Enge Weste

Hochstr.87

58095 Hagen

Engelchen

Kurze Str.15

40213 Düsseldorf

Engelsruh

Alte Hatzper Str.58

45149 Essen

Entenhaus

Vilbeler Str. 27

60313 Frankfurt

Entenest

Wiesentalstr.13

79115 Freiburg im Breisgau

Entreé

Juliusstr. 13

22769 Hamburg

Entweder Oder

Oderberger Str.15

10435 Berlin

Enzian

Yorckstr. 77

10965 Berlin

Erdbeerblau

Wachsbleiche 62

49088 Osnabrück

Erdenglück

Humboldtstr.93

09130 Chemnitz

Erlenhof

Liebigstr. 45

60323 Frankfurt

Erdmännchenbur g

Ohlauer Str.44

10999 Berlin

Erholung

Nevoigtstr.38

09117 Chemnitz

Erotika

Lange Str.47

77652 Offenburg

Erpel

Hardtstr. 2

76185 Karlsruhe

Essbiss

Perleberger Str.64

10559 Berlin

Esser

Dürener Str.94

50931 Köln

Essigbrätlein

Weinmarkt 3

90403 Nürnberg

Essighaus

Plöck 97

69117 Heidelberg

Estragon

Mühlweg 11

68199 Mannheim

Eulenspiegel

Uhlandstr.60

10719 Berlin

Eumel

Hüetlinstr.23

78462 Konstanz

Euro 2000

Schwalbacher Str.36

60326 Frankfurt am Main

Evergreen

Donauwörther Str.94

86154 Augsburg

Ewige Lampe

Dionysiusstr.5

47798 Krefeld

Ewiges Lämpchen

Hauptstr.37

06846 Dessau

Exotica

Proviarthofstr. 5

01099 Dresden

Extrablatt

Kurfürstendamm195

10707 Berlin

Extratour

Zimmerpforte 1

20099 Hamburg

Extravaganza

Hillmannplatz13

28195 Bremen

Exe

Zur Exe 25

24937 Flensburg

EXX

Friedrichstr.19a

41460 Neuss

Exzellent

Marienstr. 107

76137 Karlsruhe

Fabrik

August-Exter-Str.1

81245 München

Fahr-Tippel

Leibnizstr. 31

10625 Berlin

Falle

Friedrichstr. 130

10117 Berlin

Fantasia

Goldammerweg 1

06120 Halle

Fantasie
Eyber Str.75
91522 Ansbach

Fantastico
Kasseler Str.15
34123 Kassel

Fantasy
Neuturmstr.10
80331 München

Fast wie zu Hause
Ahornweg 21
39120 Magdeburg

Faulpelz
Wollmatinger Str.80
78467 Konstanz

Faust
Fleischhauerstr.18
59555 Lippstadt

Fausto
An der Dreikönigskirche 10
01097 Dresden

Fegefeuer
Von-Kluck-Str.15
48151 Münster

Feldschmiede
Julius-Polentz-Str. 22
19057 Schwerin

Felicidad
Fischpfortenstr.6
31785 Hameln

Felsen
Geislinger Str.13
73033 Göppingen

Felseneck
Jägerstr. 13

65187 Wiesbaden

Fenstergucker
Pützerstr.25
64287 Darmstadt

Fernandel
Mary-Krebs-Str. 1
01219 Dresden

Ferrari
Adolfstr. 7
65185 Wiesbaden

Fertig
Bonner Str.26
50677 Köln

Fettehenne
Berliner Str.40
51377 Leverkusen

Feuerfest
Heubergredder 38
22297 Hamburg

Feuerlöscher
Münsterstr.24
40477 Düsseldorf

Feuerstein
Beckergrube 2
23552 Lübeck

Feuerwache
Florastr.32
47799 Krefeld

Fez
Karthäuserstr.17
34117 Kassel

Fiakerstüberl
Zenettistr.30
80337 München

Fiasko

Freihofstr.15
73033 Göppingen

Fideler Bauer
Neurott 9
69124 Heidelberg

Fifty-Fifty
Südliche Stadtmauerstr. 1
91054 Erlangen

Fieseler
An der Talle 46
33102 Paderborn

Fiesta
Wörthstr. 16
65185 Wiesbaden

Filet
Münzstr. 20
10178 Berlin

Filmriss
Stralsunder Str. 43
18546 Sassnitz / Rügen

Filou
Meininger Str.8
10823 Berlin

Filzlaus
Welschnonnengasse 1
55116 Mainz

Finale
Bürgerstr.21
95028 Hof

Find mi
Brückengasse 5
78462 Konstanz

Fingerhut
Damaschkestr. 12
10711 Berlin

Firlefanz
Schildhornstr.98
12163 Berlin

Fischerhus
Hauptstr. 53
18551 Glowe / Rügen

Fischers Fritz
Dünenstr. 39
17419 Ahlbeck / Usedom

Fischerstrand
Dorfstr. 34
18586 Middelhagen / Rügen

Fischhus
Vorderreihe 25B
23570 Lübeck

Fischküche
Kajen 12
20459 Hamburg

Fischkutter
Boizenburger Weg 1
22143 Hamburg

Fit-in
Ebertstr.52e
76137 Karlsruhe

Flade
Riensberger Str. 3
28213 Bremen

Flamingo
Von-Thünen-Str. 11
19053 Schwerin

Flammkuche
Ludwigstr.40
67657 Kaiserslautern

Flax
Chodowieckistr. 41

10405 Berlin
Flämmschen
Schmiedegasse 40

50735 Köln
Fleck
Predigerstr.3

79098 Freiburg im Breisgau
Fledermaus
Spitalgasse 2

95444 Bayreuth
Fleißige Hand
Schlachthofstr.10

03044 Cottbus
Flic-Flac
Neckarsulmer Str.70

74076 Heilbronn
Fliegenpilz
Hagenstr.40

45894 Gelsenkirchen
Fliegenschnapper
Dorfstr.3

07551 Gera
Flipper
Berger Str. 86

60316 Frankfurt
Flirt
Stendaler Str. 73

12627 Berlin
Floh
Winzererstr. 88

80797 München
Flohcircus
Am Hohen Ufer3A

30159 Hannover
Flora

Düsseldorfer Str. 543
47055 Duisburg
Florisimo
Raiherwiesenstr.13

76227 Karlsruhe
Floßlände
Zentralländstr.30

81379 München
Flotte Theke
Gutenbergstr.6

47051 Duisburg
Flügelrad
Truderinger Str.115a

81673 München
Fontäne
Bahnhofstr.160

44629 Herne
Fondue
Kleiner Griechenmarkt 49

50676 Köln
For You
Dominicusstr.44

10827 Berlin
Fortschritt
Blumenstr.10

89231 Neu-Ulm
Fortuna
Jahnstr.107

73037 Göppingen
Fox
Thürmchenswall 28

50668 Köln
Fragezeichen
Stadtplatz 31

86551 Aichach

Frank und Frei
Schanzenstr.93

20357 Hamburg

Frau Holle
Fliedergrund 2

39130 Magdeburg

Frechdachs
Prinzregentenstr.7

67063 Ludwigshafen

Fred Felsenstein
Wismarsche Str. 132

19053 Schwerin

Freiheit
Landshuter Allee 55

80637 München

Freiland
Aidenbachstr. 86

81379 München

Freiraum
Pestalozzistr. 8

80469 München

Freischütz
Neckarstr. 214

70190 Stuttgart

Freie Scholle
Layritzstr.26

95028 Hof

Freie Schwimmer
Masurenallee 34a

47055 Duisburg

Freilichtbühne
Räuscherweg 64

40221 Düsseldorf

Freiligrath
Neusser Str.133

40219 Düsseldorf

Freund
Gryphiusweg 45

68307 Mannheim

Freund & Co.
Friesenstr. 23

10965 Berlin

Freundschaftstreffen
Krofdorfer Str.79

35398 Gießen

Freytag
Meyernberger Str.44

95447 Bayreuth

Frieden
Nestroystr. 1

01257 Dresden

Friedensglocke
Güteramtsstr.1

69115 Heidelberg

Friesenklause
Teutendorfer Weg 33

23570 Lübeck

Frikadellchen
Rosenstr.18

63450 Hanau

Frikadelle
Stoddartstr.5

32758 Detmold

Frisch-Auf
Hohenstaufenstr.142

73033 Göppingen

Frische Brise
Holsteinische Str.40

10717 Berlin

Frische Quelle
Triesdorfer Str.61
91522 Ansbach

Frische-Trunk
Wiesenstr.8
90443 Nürnberg

Frittenschmiede
Heessener Str.35
59065 Hamm

froh und munter
Artilleriestr.5
80636 München

Frohe Stunde
Saalhausener Str.42
01159 Dresden

Frohen Einkehr
Lehener Str.19
79106 Freiburg

Fromm
Hirschlandstr.19
73730 Esslingen

Froschkasten
Kiezstr. 4
14467 Potsdam

Frosch König
Landhausstr.59
73730 Esslingen

Fuchseck
Düsseldorfer Str. 534
47055 Duisburg

Fuchskaul
Feldkircher Str.71
56567 Neuwied

Fuchsklinge
Waldstr. 44

75365 Calw - Hirsau

Füllort
Kreuzstr.4
45892 Gelsenkirchen

Fundus
Detlev-Bremer-Str.54
20359 Hamburg

Full House
Schilfhof 20
14478 Potsdam

Fuß
Hüttenbergstr.52
66538 Neunkirchen

Futterecke
Brückelstr. 36
47137 Duisburg

Futterkrippe
Am Seedeich 45
27572 Bremerhaven

Futterstadl
Moselstr. 20
60329 Frankfurt

Futterstube
Duracher Str.29
87437 Kempten

Gaddezwersch
Mainzer Landstr. 412
60326 Frankfurt am Main

Gänsbrönnel
Schanzstr.15
67063 Ludwigshafen

Gänsedieb
Weisse Gasse 1
01067 Dresden

Gänsemarkt

Plantage 1
13597 Berlin

Gärtla
Leimitzer Str.24
95028 Hof

Gärtner
Graditzer Str.42
50735 Köln

Galaxy
Frankfurter Allee 209
10365 Berlin

Galileo
Am Hulsberg 1
28205 Bremen

Galopp
Mariendorfer Damm 144
12107 Berlin

Gandhi
Sachsenstr.19
28203 Bremen

Garage
Auf der Hude 72
21339 Lüneburg

Gartenstube
Gartenstr. 56b
76133 Karlsruhe

Gaslaterne
Wilhelminenstr.19
24103 Kiel

Gaslicht No 1
Schwanengrabenstr.8
73728 Esslingen

Gasolin
Aegidiistr.45
48143 Münster

Gasse
Joseph-Lenné-Str.29
45131 Essen

Gast bei ff
Rothenburg 5
48143 Münster

Gaston
Schloßstr.17/1
71634 Ludwigsburg

Gastroplan
Haspelstr.10a
35037 Marburg

Gaucho
Müllerstr. 83B
13349 Berlin

Gaudi
Rote Str.16
37073 Göttingen

Gaulstall
Blumenstr.28
90762 Fürth

Gegen den Strich
Emigrantenstr.1
29221 Celle

Gegenwart
Berger Str.6
60316 Frankfurt am Main

Geh Punkt
Schustergasse 5
47441 Moers

Geheimrat
Bittkauer Weg 5
39128 Magdeburg

Geisel
Aachener Str.58

40223 Düsseldorf

Gelbfüßler

Alaunstr. 84

01099 Dresden

Geldmann

Essener Str.27

45529 Hattingen

Gehlhaar

Klarenthaler Str. 3

65197 Wiesbaden

Gell da guckste

Berner Str.69

60437 Frankfurt am Main

Gemütlichkeit

Feurigstr.34

10827 Berlin

Gerberstube

Badstr. 18

75365 Calw

Gerstenhalmklause

Staufener Str.29

79115 Freiburg im Breisgau

Gerüchteküche

Waldzieststr.3

04329 Leipzig

Gestern + Heute

Kaiser-Wilh.-Str.55

20355 Hamburg

Gesund Essen

Bundesstr.6

20146 Hamburg

Gewürzmühle

Mittelseestr. 36

60386 Frankfurt

Geyerwally

Geyerstr.17

80469 München

Gibt's doch gar net

Bebelstr. 82

70193 Stuttgart

Gibt's ja net

Thalkirchner Str. 114

81371 München

Gickelschlag

Berger Str. 257

60385 Frankfurt

Gigante

Geibelstr.69

40235 Düsseldorf

Gießkanne

Rickmersstr. 64

27568 Bremerhaven

Glaabsstube

Bismarckstr.102

63065 Offenbach

Gläsernes Eck

Hildegardstr.4

80539 München

Glasperle

Gablonzer Str.26

76185 Karlsruhe

Glasschrank

Pützerstr.6

64287 Darmstadt

Gleis 11

Willy-Brandt-Platz 1

28215 Bremen

Gletscher

Karlstr.4

71638 Ludwigsburg

Globetrotter

Große Freiheit 25

22767 Hamburg

Globus

Wiener Str. 5

28359 Bremen

Glück

Palmstr. 4

80469 München

GlückAuf

Heinrichstr.81

44805 Bochum

Glückspilz

Mariahilfbergweg 2

92224 Amberg

Glückswinkel

Warmbadstrasse 2

18586 Sellin / Rügen

Glühwurm

Südwestkorso 69A

12161 Berlin

Glühwürmchen

Apenrader Str.15

27580 Bremerhaven

Gold

Kapuzinerstr.7

80337 München

Golden Gate

Dostojewskistr. 12

65187 Wiesbaden

Goldene Harfe

Theaterplatz 15

91054 Erlangen

Goldene Schüpp

Steinsche Gasse 30

47051 Duisburg

Goldenes Hufeisen

Gleiwitzstr.273

44328 Dortmund

Goldenes Prag

Eulenkrugstr.19

22359 Hamburg

Goldstar

Kaiserstr. 21

76131 Karlsruhe

Götzenstube

Götzenturmstr.43

74072 Heilbronn

Graffiti

Kurfürstendamm 69

10707 Berlin

Grammophon

Wittener Str.83

44789 Bochum

Grauzone

Mühlenbrücke17

23552 Lübeck

Greenhorn

Arndtstr. 40

39108 Magdeburg

Greifbar

Wichertstr.10

10439 Berlin

Grenadier

Käfertaler Str.205

68167 Mannheim

Grenz

Rottbrachstr.107

44625 Herne
Grenzdiele
Neustadt 6
24939 Flensburg
Grille
Bremer Str. 24
48155 Münster
Grimaldi
Eckernförder Str.11
24116 Kiel
Grimms Märchen
Hirschstr.70
76133 Karlsruhe
Große Blies
Christian-Weiß-Str.1
67059 Ludwigshafen
Größenwahn
Lothringer Str.11
81667 München
Grüne Tomate
Gaststr.3
26122 Oldenburg
Grüner Automat
Hirschenstr.20
90762 Fürth
Grünspecht
Pfortener Str.13
07545 Gera
Grüpchen
Grupenstr.10
30159 Hannover
Grumpe
Mindener Str.27
49084 Osnabrück
Grund

Montanusstr.39
51065 Köln
Guck-Guck
Große Rittergasse 102
60594 Frankfurt
Guckloch
Schlesische Str.16
10997 Berlin
Guglhupf
Metzgerstr.7
77652 Offenburg
Güldenes Schaf
Hauptstr.115
69117 Heidelberg
Gürtelschänke
Lindenthalgürtel 72
50935 Köln
Güterboden
Bahnhofstr. 24
18546 Sassnitz / Rügen
Guggusnescht
Professor-Hubbuch-Str. 21
76703 Kraichtal
Gummibahnhof
Kellerstr. 2a
28717 Bremen
Gummibärchen
Liebigstr.6
39104 Magdeburg
Günes
Bismarckstr.35d
47443 Moers
Gurkenhals
Oschatzer Str.11
01127 Dresden

Guru
Am Bachl 16
85049 Ingolstadt

Gut Drauf
Hein-Hoyer-Str. 23
20359 Hamburg

Gut Heil
Schillerstr.32
24536 Neumünster

Gut Holz
Hans-Driesch-Str.56
04179 Leipzig

Gut Stubb
Neugasse 10
55411 Bingen

Gute Quelle
Friedländer Str. 20
17389 Anklam

Gute Stube
Feuerbachstr.18
12163 Berlin

Gute Welt
Bebelstr. 28
99086 Erfurt

Guten Tag
Paul-Nevermann-
Platz 12
22765 Hamburg

Gutsschänke
Beim Wallratsroth 13
66539 Neunkirchen

Haarlem
Schanzenstr.9
35390 Gießen

Habibi
Nerostr 4
65183 Wiesbaden

Habichtsquelle
Schlicksweg 5
22307 Hamburg

Haci Baba
Schwerter Str.245
58099 Hagen

Hackteufel
Steingasse 7
69117 Heidelberg

Haderner Kuchl
Großhaderner Str.22
81375 München

Häfala
Künhoferstr.18a
90489 Nürnberg

Häfele
Alte Stuttgarter Str. 82
70195 Stuttgart

Hängeboden
Am Brill 6
28195 Bremen

Hängematte
Badstr.46
95444 Bayreuth

Hängetischchen
Helmholtzstr.60
46045 Oberhausen

Haferkasten
Kastenalsgasse 15
34117 Kassel

Hagenschieß
Heuweg 71
75181 Pforzheim

Hagschinkel
Duisburger Str.345
47829 Krefeld

Hahn
Weseler Str. 27
46149 Oberhausen

Haithabu
Angelburger Str.51
24937 Flensburg

Halali
Schönfeldstr.22
80539 München

Halber Hahn
Mülheimer Str.180
47057 Duisburg

Halbmond
Achtungstr.23
74072 Heilbronn

Halbstark
Burgstr.65
06114 Halle

Hall
Falkstr.92
60487 Frankfurt am Main

Halli-Galli
Drygalski-Allee117
81477 München

Hallo
Hallostr.92
45309 Essen

Haltbar
Neugasse 24
65183 Wiesbaden

Haltestelle
Dachauer Str.151

80636 München

Handel
Einsiedlerstr. 1
60439 Frankfurt

Hanibal
Perlacher Str.3
81539 München

Hanoi
Adenauerallee70
20097 Hamburg

Hans im Glück
Allerheiligenstr.1
74072 Heilbronn

Hanslwirt
Zehntfeldstr.240B
81825 München

HansWurst
Killisfeldstr. 62
76227 Karlsruhe

Happi-Happi-Grill
Germaniastr.9
34119 Kassel

Happy Ende
Jansastr.11
12045 Berlin

Harem
Gerberau 7c
79098 Freiburg im Breisgau

Harmonika
Haimhauser Str. 14
80802 München

Hauhecke
Karolingerweg 12
69123 Heidelberg

Haxenhaus

Halberstädter Str.64

39112 Magdeburg

Hazienda

Martin-Luther-Str.28

59065 Hamm

Heck Meck

Breslauer Str.104

45145 Essen

Heideblümchen

Vestische Str.171

46117 Oberhausen

Heidekrug

Schellstr.11

45134 Essen

Heidelbeer

Praunstr.18

90489 Nürnberg

Heiderose

Freyjastr.12

90461 Nürnberg

Heidetreff

Dr.-Rörig-Damm 58

33102 Paderborn

Heiermann

Schwabenstr.1

47169 Duisburg

Heile Welt

Hussenstr.19

78462 Konstanz

Heilig Geist

Mailandsgasse 11

55116 Mainz a Rhein

Heiligenstock

Friedberger Landstr. 531

60389 Frankfurt

Heimathaus

Schloßstr.79

56564 Neuwied

Heimeck

Bergmannstr.31

10961 Berlin

Heimliche Kneipe

Klarastr.53

79106 Freiburg im Breisgau

Heimspiel

Zülpicherstr. 10

50674 Köln

Hein Mück

Vogteistr.48

23570 Lübeck

Heinzelmännchen

Giselastr.4

10317 Berlin

Heinzelmännl

Emilienstr.35

09113 Chemnitz

Heinzelmännla

,Martin-Luther-Platz

91054 Erlangen

Heiss

Herrenstr. 16

76133 Karlsruhe

Heiße Kiste

Hafenstr.15

45881 Gelsenkirchen

Heißhunger

Kuhlenstr.53

32427 Minden

Heiterer Blick

Steinbergsiedlung 72

09122 Chemnitz

Helium

Bleidenstr.7

60311 Frankfurt am Main

Hello

Rosenheimer Str. 30

81669 München

Hell oder Dunkel

Güntzelstr.24

10717 Berlin

Herbst

Friedrich-Ebert-Str. 114a

14467 Potsdam

Herz-Ass

Triebstr. 11a

80993 München

Herzblatt

Kleppingstr.24

44135 Dortmund

Heuboden

Kapuzinerstr.2

80337 München

Heuschober

Obermeidericher Str. 135

47138 Duisburg

Hexenhalle

Sachsenstr. 5

28203 Bremen

Hexenhäusle

Sportanlage Süd

86179 Augsburg

Hexenkessel

Bismarckstr. 25

91058 Erlangen

Hexenschuss

Ebersteinstr.13

75177 Pforzheim

Hexentanz

August-Krogmann-Str. 18

22159 Hamburg

Highländer

Oranienstr. 53

65185 Wiesbaden

Hille Bille

Jakobikirchhof 7

38640 Goslar

Himalaya

Grindelhof 87

20146 Hamburg

Himmel

Petrusplatz 4

89231 Neu-Ulm

Himmel und Hölle

Mulvanystr.12

45879 Gelsenkirchen

Himmelreich

Mainzer Landstr.374

60326 Frankfurt am Main

Himmelsleiter

Silbergasse 4

90518 Altdorf bei Nürnberg

Himmlisch

Klostergasse 8

76275 Ettlingen

Hin & Mit

Neuburger Str.85

85057 Ingolstadt

Hindissimo

Hanssensweg 9

22303 Hamburg

Hintertürle
Konradigasse 3
78462 Konstanz

Hinz u. Kunz
Bahnhofstr.22
32756 Detmold

Hippocampus
Mühlbaurstr.5
81677 München

HIPPODROM
Rönnestr.1
14057 Berlin

Hirschkamp
Zum Ravenhorst330
46147 Oberhausen

Hochofengrill
Hochofenstr.9
44263 Dortmund

Hofbeisel
Bergstr.7
06108 Halle

Höfle
Gundelfinger Str.57
79108 Freiburg im Breisgau

Höflich
Frauensteiner Str. 42
65199 Wiesbaden

Höhenluft
Bayernring 87
09130 Chemnitz

Höllentalstüble
Langemarckstr.103
79100 Freiburg im Breisgau

Hörnchen
Hauptstr.143

69117 Heidelberg

Hörsaal 6
Ernst-Lehmann-Str. 16
39106 Magdeburg

Hoffnung
Hoffnung 2
24983 Handewitt

Hoher Stein
Coschützer Str.34
01187 Dresden

Hohle Birne
Mittelstr. 19
14467 Potsdam

Holliwutt
Hagedornstr.8
47169 Duisburg

Holz
Schwalbacher Str.30
60326 Frankfurt am Main

Holzbaur
Frauenstr.10
80469 München

Holzfäller
Linnéstr.16
79110 Freiburg im Breisgau

Holzkistl
Comeniusstr.5
67071 Ludwigshafen

Holzknecht
Hohe Str.5
44139 Dortmund

Holzkopp
Spielmannstr.26
65934 Frankfurt am Main

Holzschuh

Zinkbrunnenstr. 1
70327 Stuttgart

Holzspecht
Duisburger Str. 10
70376 Stuttgart

Holzstadl
Hauptstr.58
71642 Ludwigsburg

Holzteller
Am Wollhaus
74072 Heilbronn

Holzwurm
Bolkerstr.32
40213 Düsseldorf

Holzwurm
Peter-Dörfler-Str.3
86199 Augsburg

Honig
Mecklenburgstr. 19
19053 Schwerin

Hopfen Pinte
Kaiserstr.163
44143 Dortmund

Hopfengwölb
Bindlacher Str.10
95448 Bayreuth

Hopfen & Malz
Alt Fechenheim 114
60386 Frankfurt

Hopfenpinte
Werdohler Str.108
58511 Lüdenscheid

Hopfenzupfer
Schwabenstr.41
89231 Neu-Ulm

Hopla
Steeler Str.52
45127 Essen

Hoppala
Sonnenwall
47051 Duisburg

Horizont
Egenolffstr. 39
60316 Frankfurt

Horoskop
Sandweg 30
60316 Frankfurt

Hotzenplotz
Forum 5
69126 Heidelberg

Huckebein
Einumer Str.93
31135 Hildesheim

Huckleberry Finn
Hafenstr. 12
18546 Sassnitz / Rügen

Hue
Schopenhauerstr. 5
60316 Frankfurt

Hühnertod
Fuchsengarten 1
91054 Erlangen

Hühnerstall
Stollberger Str. 71
12627 Berlin

Hüttle
Neureuter Str. 6
76185 Karlsruhe

Hufen
Hoher Weg 271

47445 Moers

Hula-Hoop

Moselstr.35a

60329 Frankfurt am Main

Hut

Nordhäuser Str. 73t

99091 Erfurt

Hummelflug

Rosenbergstr.28

74072 Heilbronn

Hummelseck

Blücherstr. 30

22767 Hamburg

Hummelt

Deermannstr. 1

48163 Münster

Humpen

Kastanienallee 1

77656 Offenburg

Humphries

Viktoriastr.1

86150 Augsburg

Hundeklause

Mallaustr.101

68219 Mannheim

Hundgeburt

Angermunder Str.6

47269 Duisburg

Hundskugel

Hotterstr.18

80331 München

Hunger

Höristr. 2

78315 Radolfzell

Hungertreppchen

Hans-Zöller-Str.7

55130 Mainz a Rhein

Hüttle

Neureuter Str.6

76185 Karlsruhe

Hutzelwald

Gaisbergstr.93

69115 Heidelberg

Hypnotix

Holzmarkt 2

85049 Ingolstadt

Igelnest

Straßburger Platz 4

99427 Weimar

Iglu

Inselstr.27

73730 Esslingen am Neckar

IlGabbiano

Predigerberg 20

86150 Augsburg

Im Bett

Poststr.5

27474 Cuxhaven

Im Bierstiefel

Wülfrather Str.28

40233 Düsseldorf

Im Böötche

Hauptstr.166

51143 Köln

Im Briefkasten

Hachestr.21

45127 Essen

Im Eimer

Koppelstr.29

27749 Delmenhorst

Im Exil
Davenstedter Str.23
30449 Hannover

Im Häuschen
St.-Tönnis-Str.62a
50769 Köln

Im Höfchen
Braugasse 14h
50859 Köln

Im Höttche
Rösrather Str.47B
51107 Köln

Im Kessel
Krefelder Str.42
41460 Neuss

Im Krater
Vulkanstr.23
47807 Krefeld

Im Nest
Dürkheimer Weg 37
40227 Düsseldorf

Im Rauchfang
Münsterstr.70
44145 Dortmund

Im Rauensiepen
Rosiepeweg 8
45279 Essen

Im Römerlager
Gnadentaler Weg 60
41464 Neuss

Im Rosenstock
Neusser Str.217
50733 Köln

Im Sattel
Hansastr.2

24118 Kiel

Im Schlägle
Siedlungstr.50
75180 Pforzheim

Im Seidel
Balthasarstr.63
50670 Köln

Im Tönnchen
Mittelstr.28
58095 Hagen

Im Treppechen
Grünrockstr.7a
58119 Hagen

Im Ührchen
Kiwittstr.42
45307 Essen

Im Wendekreis
Emscherstr.129
44653 Herne

Imbiss Iss was
Ronickeweg 9
32429 Minden

Immergrün
Ockerwitzer Str.52
01157 Dresden

Imperium
Frankfurter Str.627
51145 Köln

Impression
Stresemannstr.128
10117 Berlin

Impressum
Entengasse 12
76275 Ettlingen

Impuls

Hermann-Veit-Str. 7
76135 Karlsruhe

In d'r Hött
Waldecker Str.27
51065 Köln

Industrie
Walzenstr. 5
47053 Duisburg

In Sicherheit
Am Brunnenhof 2
22767 Hamburg

In Takt
Robinienhof 3
45894 Gelsenkirchen

Intermezzo
Königswall 1
44137 Dortmund

Insbeth
Bahrenfelder Str.176
22765 Hamburg

In's Übergwicht
Limesstr.39
81243 München

Inselfrieden
Granitzer Straße
18586 Sellin / Rügen

Inselreif
Süderende 9
18565 Vitte / Hiddensee

Krug
Wenddorfer Weg 1
39128 Magdeburg

Ii-Punkt
Am Nordbahnhof 1
59555 Lippstadt

Irgendwo
Hauptstr.376
44649 Herne

Irish Post
Fuggerstr.7
86150 Augsburg

Ironie
Celler Str.29
38114 Braunschweig

Ißbuschka
Martin-Luther-Platz 1b
01099 Dresden

It's cool man
Asperger Str.47
71634 Ludwigsburg

i-Tüpfele
Leibnizstr. 12
76137 Karlsruhe

Jade
Alt Schwanheim 28
60529 Frankfurt

Jahrgang 54
Prenzlauer Allee 32
10405 Berlin

Jahrhundert
Bautzner Str.75
01099 Dresden

Jahrmarkt
Methfesselstr. 4
20257 Hamburg

Jammertal
Deeler Weg 21
50769 Köln

Je länger je lieber
Göhrener Str.1

10437 Berlin

Jedermann
Baumeisterstr.16

76137 Karlsruhe

Jesus Treff
Rügen-Galerie 26

18546 Sassnitz / Rügen

Jet
Elbgaustr.81

22523 Hamburg

Jo Jo
Mittelweg 30

20148 Hamburg

Jodelkeller
Adalbertstr.81

10997 Berlin

Jodler-Wirt
Altenhofstr.4

80331 München

Journal
Findorffstr.38

28215 Bremen

Jumbo
Hardtstr. 32

76185 Karlsruhe

Just for Fun
Proraer Chaussee 3G

18609 Binz / Rügen

Kabale
Geismar Landstr.19

37083 Göttingen

Kachelofen
Eberhardstr. 10

70173 Stuttgart

Käfer

Wurzner Str.99

04315 Leipzig

Käffchen
Neumarkt 36

50667 Köln

Käpt'n Hook
Ostbahnstr. 20

18586 Sellin / Rügen

Käsekiste
Brüsseler Str.171

51149 Köln

Kaffeebohne
Gustavstr.40

90762 Fürth

Kaffeehaferl
Schwabacher Str.5

90762 Fürth

Kaffeeklatsch
Alfred-Trappen-Str. 28

44263 Dortmund

Kajüte
Eigelstein 18

50668 Köln

Kalb
Pirckheimerstr.57

90408 Nürnberg

Kalimera
Lingelgasse 13a

35037 Marburg

Kalinka
Große Neugasse 36

50667 Köln

Kalt + Heiß
Friedrich-Wilh.-Str.8

38100 Braunschweig

Kanapee
Maximilianstr.29
95444 Bayreuth

Kandahar
Happurger Str.117
90482 Nürnberg

Kanone
Karlstr.16
71638 Ludwigsburg

Kanonenbäck
Rathausstr. 5
70565 Stuttgart

Kante
Kantstr.13
60316 Frankfurt am Main

Kranzler
Kurfürstendamm 18
10719 Berlin

Kapbiert
Am grünen Ring 1
47179 Duisburg

Kapelle
Bagnatosteig 10
78465 Konstanz

Kaplan
Kamp 33
33098 Paderborn

Kapitänsmesse
Walterstr. 8
18546 Sassnitz / Rügen

Kaputt
Monumentenstr. 29
10965 Berlin

Karibik
Am Bollwerk 9

50667 Köln

KaRo
Strohberg 7
70180 Stuttgart

Karotte
Baaderstr.13
80469 München

Karpfen
Kirchstr.41
79100 Freiburg im Breisgau

Kartenhaus
Griesenbruchstr.7
44793 Bochum

Kartoffelhaus
Basler Str.10
79100 Freiburg im Breisgau

Kartoffelspeicher
Eichborndamm 39-41
13403 Berlin

Kaschämm
Niehler Str.171
50733 Köln

Kashmir
Münsterstr.249
59075 Hamm

Katz und Kater
Schumacherstr.86
22767 Hamburg

Kaufrausch
Eberhardstr. 35
70173 Stuttgart

Kegelbahn
Am Wolfsfeld 52
65191 Wiesbaden

Kegelkurve

Rolandstr.122A
46047 Oberhausen

Keim
Peuntgasse 10
90402 Nürnberg

Keimling
Obere Fischerstr.5
90762 Fürth

Keks
Salzgasse 3
50667 Köln

Kerosin
Gögginger Str.26
86159 Augsburg

KEULE
Heumarkt 56
50667 Köln

Khalife
Sophienberg 7
95028 Hof

Kibitz
Vogelsanger Str.415
50829 Köln

Kiebitzort
Lieschow 24
18569 Lieschow / Rügen

Kichererbse
Judenberg 5
86150 Augsburg

Kick Off
Bautzner Str. 11
01099 Dresden

Kilombo
Senftlstr. 9
81541 München

Kiek in
Auf der Benkert 80
33330 Gütersloh

Kiek ma rin
Ruhrstr.14
45879 Gelsenkirchen

Kiek mal rin
Hübnerstr.1
10247 Berlin

Kiek mol in
Wilhelmsburger Pl.10
20539 Hamburg

Kieköver
Am Strand
17459 Koserow / Usedom

Kiepenkerl
Alte Bahnhofstr.183
44892 Bochum

Kiesel
Hans-Zöller-Str.57
55130 Mainz a Rhein

Kik-In
Granitzer Str. 8
18586 Sellin / Rügen

Kirsche
Kometenplatz 22
47179 Duisburg

Kippe
Gottesauer Str.23
76131 Karlsruhe

Kipp'n in
Bahnhofstr.29
59065 Hamm

Kischte
Adlerstr.15

76133 Karlsruhe

Kittchen
Gerichtsstr.19

44135 Dortmund

Klabauter Eck
Alfred-Neubert-Str.11

09123 Chemnitz

Klabautermann
Natruper Str.39

49076 Osnabrück

Kladderdatsch
Heisstr.42

48145 Münster

Kläppken
Berliner Platz 39

48143 Münster

Klamotte
Schützenstr.16

46236 Bottrop

Klapdor
Mülheimer Str.349

46045 Oberhausen

Klapperkahn
Klappergasse 28

60594 Frankfurt am Main

Klapperstorch
Welsleber Str.1

39122 Magdeburg

Klapsmühle
Liegnitzstr.43A

28237 Bremen

Klar
Am alten Bahnhof 26

76149 Karlsruhe

Klatte

Atterstr.117

49090 Osnabrück

Klax
Sternstr.1

01139 Dresden

Kleeblatt
Friedrich-Ebert-Str.49

28199 Bremen

Kleeblatt'l
Friedrich-Ebert-Str.62

85055 Ingolstadt

Kleggs
Hastedter Heerstr.195

28207 Bremen

Klein paris
Mintropstr.11

40215 Düsseldorf

Kleine Oase
Hardenbergstr.44

51373 Leverkusen

Kleine Reblaus
Schloßstr.10

91522 Ansbach

Kleine Sause
Schwetzinger Str.97

68165 Mannheim

Kleiner Feigling
Elisenstr. 9

18586 Göhren / Rügen

Kleiner Muck
Occamstr.4

80802 München

Kleisther
Hauptstr.5

10827 Berlin

Klekker
Kollegienwall 12D
49074 Osnabrück

Kleopatra
Hagener Str.34
58099 Hagen

Kleppereck
Münzgasse 10
01067 Dresden

Klett
Grindelallee 146
20146 Hamburg

Klick-Klack
Okrifteler Str.13
65931 Frankfurt am Main

Klimbim
Ebelstr.2
35392 Gießen

Klimperkasten
Bachstr.5
85354 Freising

Klimperkiste
Mundenheimer Str.59
67061 Ludwigshafen

Klingel
Eberhardstr.8
71634 Ludwigsburg

Klingelbeutel
Kartäuserstr.6
55116 Mainz a Rhein

Klingelbiedel
Martinsplatz 6
34117 Kassel

Klischee
Bismarckstr.68

67655 Kaiserslautern

Klo
Leibnizstr. 57
10629 Berlin

Klöndeele
Frankenberger Str.17
38640 Goslar

Klönschnack
Vor dem Steintor 184
28203 Bremen

Knallfrosch
Huckarder Allee 18
44369 Dortmund

Knappmann
Ringstr.199
45219 Essen

Knast
Bautzner Str.30
01099 Dresden

Kneipe
Rehefelder Str. 20
01127 Dresden

Kneipchen
Scharnweberstr.33A
13405 Berlin

Kneipe SO-SO
Krämersdorf 2
45525 Hattingen

Kneiple
Halbergstr.11
73733 Esslingen

Knickers
Gübser Weg 35
39114 Magdeburg

Knips

Jürgensallee 51

22609 Hamburg

Knobelbecher

Jakoberstr.2

86152 Augsburg

Knoblauch

Staufenstr.39

60323 Frankfurt am Main

Knoblauchzeh

Hugstetter Str.1

79106 Freiburg im Breisgau

Knock out

Über den Steinen 10a

06449 Aschersleben

Knöpfchen

Pfortenstr.21

60386 Frankfurt am Main

Knopfloch

Nordring 33

45894 Gelsenkirchen

Knopp

Arnoldusstr.1

52353 Düren

Knoten

Kurze Str.1a

40213 Düsseldorf

Knülle

Barkhauser Str.253

33106 Paderborn

Knusperhäuschen

Arster Heerstr.31

28279 Bremen

Knutschfleck

Bahnhofstr.42

66538 Neunkirchen

KO

Prager Straße

99427 Weimar

Koch und Kellner

Obere Seitenstr.4

90429 Nürnberg

Kochlöffel

Georgenstr.24

92224 Amberg

Kochlöffelche

Waldstr.2a

63457 Hanau

Kochpott

Bergische Hufe 16

46147 Oberhausen

Kochwirt

Altstadt 388

84028 Landshut

Kölnisch Wasser

Hirschbergstr.28

50939 Köln

Königsblut

Glasstr. 5

50823 Köln

Köpi-Eck

Hauptstr. 26

18546 Sassnitz / Rügen

Körbchen

Tie 18

06449 Aschersleben

Kohldampf

Oesterholzstr.51

44145 Dortmund

Kohlpott

Pivitsheider Str.1

32758 Detmold

Kokette

Stephanstr.36

47798 Krefeld

Kokospalme

Gareisstr.15

39106 Magdeburg

Kolossus

Ostwall 199

47798 Krefeld

Kombüse

Springeltwiete 9

20095 Hamburg

Komet

Leipziger Str.55

15232 Frankfurt Oder

Komma

An den Weiden 3

60433 Frankfurt am Main

Kommerzienrat

Loblocher Str.34

67435 Neustadt

Kommödchen

Hüller Str.6

45888 Gelsenkirchen

Konkret

Kortumstr.19

44787 Bochum

Konkurenz

Thürmchenswall 3

50668 Köln

Kontor

Fischerstr.40

15230 Frankfurt Oder

Kontrapunkt

Nordendstr.8

80799 München

Kontrast

Vogelsanger Str. 104

50823 Köln

Koralle

Schönberger Str.148

24148 Kiel

Korbflasch

Stiegelgasse 12

55218 Ingelheim

KORFU

Oechelhaeuserstr.19

06846 Dessau

Kornbrenner

Neusser Str.171

50733 Köln

Körner Eck

Britzer Damm 77

12347 Berlin

Kornkammer

Neusser Str.348

50733 Köln

Kosmos

Berliner Str.203

45144 Essen

Krämer-Laden

Hindenburgstr.28

45127 Essen

Kraft

Leipziger Str.54

39112 Magdeburg

Kraftstoff

Augustastr.2

44137 Dortmund

Kraftwerk
Alaunstr. 30
01099 Dresden

Kraut u. Kruste
Kantstr.162
10623 Berlin

Krautwickel
Mallaustr.111
68219 Mannheim

Kraxlhuber
Glücksburger Str.162
24943 Flensburg

Krempel
Merowingerstr. 34
50677 Köln

Kresslesmühle
Barfüßerstr.4
86150 Augsburg

Kreuz
Heiligkreuzer Str.95
87439 Kempten

Kreuzblume
Konviktstr.31
79098 Freiburg im Breisgau

Kreuzgang
Markt 7
37073 Göttingen

Krönchen
Körnerstr.47
58095 Hagen

Krokodil
Josephsburgstr. 25
81673 München

Kropf
Tristanstr.8
95445 Bayreuth

Kuchenbude
Gohliser Str.19
04155 Leipzig

Kuchlverzeichnis
Rosenheimer Str.10
81669 München

Kuck-Guck
Ottilienplatz 1
73728 Esslingen am Neckar

Kuddl
Hellkamp 23
20255 Hamburg

Kübele
Daimlerstr. 97
70372 Stuttgart

Küche
Markt 7
31134 Hildesheim

Künstlerbund
Schloßplatz 2
70173 Stuttgart

Künstlerklause
Untere Kanalstr.2
90429 Nürnberg

Kugel
Exterstr.4
67433 Neustadt

Kugelblitze
Breiter Weg 200
39104 Magdeburg

Kugele
Kohlerstr. 5
75365 Calw

Kuhkaff

Blücherstr.32

10961 Berlin

Kuhtor

Kuhstr. 1

47051 Duisburg

Kuhlenkamp

Am Schäferfeld 20

32425 Minden

Kühler Grund

Breitscheidstr.13

99086 Erfurt

Kuhstall

Kreuzstr.17

38118 Braunschweig

Kulisse

Friesenstr. 14

10965 Berlin

Kultura

Bornholmer Str.85

10439 Berlin

Kummerkasten

Wolfhager Str.61

34117 Kassel

Kunterbunt

Uzstr.15

91522 Ansbach

Kupferdach

Niehler Str. 342

50735 Köln

Kupferhut

Graf-Adolf-Str.95

51065 Köln

Kupfermine

Hauptstr.195

44652 Herne

Kupferspieß

Leipziger Str.219

38124 Braunschweig

Kürbis

Mühlenstr.9

23552 Lübeck

Kuriosum

Am Rehweg 1a

14476 Neu Fahrland

Kurkölner

Berrenrather Str.266

50939 Köln

Küß mich

Blücherstr.93

45472 Mülheim

Kusskuss

Leipziger Str.18

60487 Frankfurt am Main

Kuthe

Mühlenkamp 19

22303 Hamburg

Kwartier

Otto-Fischer-Str. 9

50674 Köln

La Bambola

Leopoldstr.124

80802 München

La Cucaracha

Humboldtstr.4

44137 Dortmund

La Gondola

Adlerstr.79

40211 Düsseldorf

La Grotta

Friedrichstr.12

36037 Fulda

La Paloma
Schlachte 30

28195 Bremen

La Pfiff
Eppendorfer Weg 62

20259 Hamburg

Labor
Konsumhof 1

14482 Potsdam

Labsaal
Weseler Str.35

40239 Düsseldorf

Labyrint
Neuburger Str.2

86167 Augsburg

Laderaum 58
Goethestr.58

27576 Bremerhaven

Lahmer Esel
Krautgartenweg 1

60439 Frankfurt am Main

Lampenfieber
Hallesches Ufer 32

10963 Berlin

Land Unter
Neumühlen 24

22763 Hamburg

Landsknecht
Hauptstr. 1

75382 Althengstett

Lange Theke
Kaiserstr.170

47800 Krefeld

Lapislazuli

Benkertstr. 21

14467 Potsdam

Lasch
Klauprechtstr. 13

76137 Karlsruhe

Latasch
Sontheimer Str.9

74074 Heilbronn

Laternd'l
Tassilostr.12

90429 Nürnberg

Lattent
Lattenkamp 29

22299 Hamburg

Laudatio
Henriettenweg 11

20259 Hamburg

Laufauf
Friedrich-Ebert-Damm 28

22049 Hamburg

Laufsteg
Königswall 26

44137 Dortmund

Laugele
Brotlaube 4

78462 Konstanz

Laugenweck
Valentin-Bauer-Str.17

67059 Ludwigshafen

Lavastein
Serrahnstr. 3

21029 Hamburg

Lawine
Holtenauer Str.158

,24105 Kiel

LebensArt
Mehringdamm 40
10961 Berlin

Lebensbaum
Kiefholzstr.248
12437 Berlin

Lecker Mäulchen
Harburger Ring 6
21073 Hamburg

Leckere Ecke
Cuxhavener Str.77
27476 Cuxhaven

LEGENDÄR
Lehmweg 44
20251 Hamburg

Legende
Neue Kräme 12
60311 Frankfurt am Main

Lehrer Lämpel
Lehener Str.35
79106 Freiburg im Breisgau

Leichtfuß
Scharpenseelstr.205
44879 Bochum

Leierkasten
Hopfenstr.6
27568 Bremerhaven

Leifels
Borchener Str.100
33098 Paderborn

Leinen Los
An der Weide 24
28195 Bremen

Leiterwagen
Radolfzeller Str.58

78467 Konstanz

Lemon
Ludwigsplatz 9
75180 Pforzheim

Let's go
Hertzbergstr.22
12055 Berlin

Lettermann
Gottschedstr.1
04109 Leipzig

Leuchtturmeck
Am Bau 2
18565 Kloster / Hiddensee

Licht Luft
Entersweiler Str.51
67657 Kaiserslautern

Liebich 5
Liebig Str.5
30163 Hannover

Liebstöckel
Mittelgasse 22
67433 Neustadt

Limericks
Kleine Steuben Str.28
45139 Essen

Linden
Düsseldorfer Str. 566
47055 Duisburg

Lindenblüte
Goethe Str.45
76135 Karlsruhe

Lindwurm
Timmermann Str.18
22299 Hamburg

Lippenstift

Heidenauer Str.17

12627 Berlin

Litfaß

Krefelder Str. 40

47226 Duisburg

Litfaßsäule

Saarstr.97

47198 Duisburg

Little bit

Luisenplatz 5A

64283 Darmstadt

Lobby

Krefelder Str.101

50670 Köln

Loch Ness

Bruno-Wille-Str.42

12587 Berlin

Löffelstube

Karlstr. 30a

06844 Dessau

Lösch

Niederwaldstr. 22

01277 Dresden

Löschbogen

Fürstenstr.85

46145 Oberhausen

Lötlämpken

Mariendorfer Str.46

48155 Münster

Löwengrube

Blutenburgstr.48

80636 München

Löwenkäfig

Situlistr.6

80939 München

Löwenpudel

Schloßwall 1

49074 Osnabrück

Löwentreff

Königsbrunner Str.8

86179 Augsburg

Loft

Austr.70

90429 Nürnberg

Logo

Grindelallee 5

20146 Hamburg

Lohengrin

Wodanstr.50

90461 Nürnberg

Lokal ohne Namen

Hagenstr.56

45894 Gelsenkirchen

Lokales

Breite Str.12

28757 Bremen

Lokus

Marheinekeplatz 4

10961 Berlin

Lolli-Pub

Seestr.113

13353 Berlin

Lorber

Iderhoffstr.47

99085 Erfurt

Lord Nelson

Vorderreihe 56

23570 Lübeck

Los Banditos

Thalkirchner Str.71

80337 München

Lotter Leben

Lotter Str.116

49078 Osnabrück

Lottoeck

Leipziger Str.30

36037 Fulda

Lucke

Wehrpromenade 3

03042 Cottbus

Lucky Looser

Heckscherstr.1a

20253 Hamburg

Lüsterweibchen

Basaltstr.6

60487 Frankfurt am Main

Lütt un Lütt

Kappelner Str.41

24943 Flensburg

Luft

Königshardter Str.90

46145 Oberhausen

Luftbad

Georgiiweg 16

70597 Stuttgart

Luftikus

Mainzer Landstr.269

60326 Frankfurt am Main

Luftschänke

Kulmbacher Str.38

95030 Hof

Lug ins Land

Am Lueginsland 5

86152 Augsburg

Lunchbox

Mittelweg 31

20148 Hamburg

Lummerland

Gerlingser Platz 9

58638 Iserlohn

Lustgrotte

Friedrichstr.6

20359 Hamburg

Lustiger Bauer

Kantstr.29

80809 München

Lustküche

Mittlerer Lech 23

86150 Augsburg

Maalula

Goethestr.36

91054 Erlangen

Mach 1

Kaiserstr.1

90403 Nürnberg

Mach mal Pause

Liegauer Str. 5

01465 Dresden

Macht

Bahnhofstr.16

95444 Bayreuth

Machwitz

Schanzenstr.121

20357 Hamburg

Macky Messer

Mulackstr.29

10119 Berlin

Madam

Ledererstr.21
80331 München

Madame
Pionierstr.18
40215 Düsseldorf

Madhouse
Bülowstr.1
86167 Augsburg

Männelein
Bobinger Str.96
86199 Augsburg

Magnet
Kettwiger Str.60
45127 Essen

MATCH
Hafenstr.10
45356 Essen

Mahagoni Bar
Armenhausgasse 21
86150 Augsburg

Maharani
Rottmannstr.24
80333 München

Mahlzeit
Hammer Str. 26
48153 Münster

Maibaum
Eschollbrücker Str.9
64295 Darmstadt

Maiköttchen
Bergstr.75a
48143 Münster

Makkaroni
Rudolf-Leonhard-Str. 13
01097 Dresden

Malakoff
Hospitalstr.17
91522 Ansbach

Malkasten
Löhstr.16
45468 Mülheim an der Ruhr

Malzwerk
Rummelstr.7
67655 Kaiserslautern

Mamma Mia
Bremerhavener Str. 20
27576 Bremerhaven

Mama & Papa
Alter Burgwall 10
44135 Dortmund

Mamasita
Schumannstr.9
81679 München

Mambo
Kölner Str.68
51379 Leverkusen

Mamma Leone
Berliner Str.40
69120 Heidelberg

Mandarin
Hafenstr. 23
27576 Bremerhaven

Mann-O-Mann
Friedrich-Ebert-Str. 118
34119 Kassel

MANYO
Schertlinstr.12a
86159 Augsburg

Marathon
Heinrichstr.57

36037 Fulda

Marienbildchen

Neustr.19

41460 Neuss

Marilyn's

Kollaustr.120

22453 Hamburg

Marketenderin

Am Rosengarten 2

65934 Frankfurt am Main

Marktlücke

Gemüsemarkt 12

36037 Fulda

Marlene & Dietrich

Lange Reihe 81

20099 Hamburg

Maskerade

Lößnitzstr. 8

01097 Dresden

Maßkrug

Kurze Str.6a

37073 Göttingen

Matador

Grafinger Str.6

81671 München

Matchmaker

Auguststr.91

10117 Berlin

Mauerblümchen

Ringslebenstr.26

12353 Berlin

Maultäschle

Brückenstr. 15

70376 Stuttgart

Mausefalle

Kronenstr.31

87435 Kempten

Mauz

Mönchwörthstr.23

68199 Mannheim

Max u. Moritz

Schillstr.139

86169 Augsburg

Meenzer Bub

Kaiser-Wilh.-Ring 56

55118 Mainz a Rhein

Meenzer Mädche

Kaiser-Wilh.-Ring 36

55118 Mainz a Rhein

Meerjungfrau

Oskarstr. 2

01219 Dresden

Mein Heim

Fermersleber Weg 75

39112 Magdeburg

Meisenfrei

Eppendorfer Weg 75

20259 Hamburg

Melody

Kurze Str.12

40213 Düsseldorf

Melone

Brunnenstr.35

40223 Düsseldorf

Memory

Köthener Str.7

06118 Halle

Mercur

Maximilianstr.31

86150 Augsburg

Merhaba
Jägerstr.2
44145 Dortmund

Metronom
Bruderhofstr.5
81371 München

Micky Maus
Rostocker Str.4
20099 Hamburg

Mikrofon
Boller Str.7
73035 Göppingen

Miljöh
Friedrichstr.29
73033 Göppingen

Millennium
Ritterstr.9
09111 Chemnitz

Min Jung
Barnerstr.57
22765 Hamburg

Miniatur
Mozartstr.16
87435 Kempten

Minikneipe
Am Sodenmatt 54
28259 Bremen

Minister
Findorffstr.114
28215 Bremen

Mir Zwoa
Lindenschmitstr.29a
81371 München

Miss Marplés
Michaelisstr.42

99084 Erfurt

Miss Saigon
Radbrunnengasse 2
90403 Nürnberg

Mittelmeer
Mindener Str.194
49084 Osnabrück

Mittelstraße
Mittelstr. 18
14467 Potsdam

Modern
Forstenrieder Allee 150
81476 München

Modelsbar
Kreuzlinger Str.40
78462 Konstanz

Moerser Treff
Moerser Str.106
47803 Krefeld

Mönchgut
Dorfstr. 25
18586 Middelhagen / Rügen

Möwe
Schillerstr. 2
18609 Binz / Rügen

Mohr
Wahmstr.42
23552 Lübeck

Mohrenkönig
Sulzerstr.20
86159 Augsburg

Mohrenkopf
August-Wessels-Str.2
86154 Augsburg

Mohrenköpfle

Mittelstr.11

68169 Mannheim

Mohsmänn'l

Burgstr.11

06114 Halle

Moin Moin

Ortstr.8

28237 Bremen

Moments

Vor dem Steintor 65

28203 Bremen

Momo

Cammannstr.2

38118 Braunschweig

MON AMOUR

Aachener Str.16

40223 Düsseldorf

Mona Lisa

Fahrgasse 24

60311 Frankfurt am Main

Mondfisch

Louisenstr.37

01099 Dresden

Mono

Kellereistr.14A

73033 Göppingen

Monokel

Oberwallstr.45

47441 Moers

Monoment

Dotzheimer Str. 35

65185 Wiesbaden

Monopol

Langener Landstr. 82

27580 Bremerhaven

Monopoly

Kanalstr.2

73430 Aalen

Moral

Vikariestr. 1

46117 Oberhausen

Morgenrot

Schackstr.47

86165 Augsburg

Mosaik

Schulterblatt 83

20357 Hamburg

Moskito

Eichtalstr.11

38114 Braunschweig

Motte

Kastellstr.6

46147 Oberhausen

Muchacho

Wenkerstr.5

44141 Dortmund

Muckefuck

Bürgermeister-Smidt-Str.147

27568 Bremerhaven

Muckl's

Obere Hauptstr.12

85354 Freising

Muffy's

Lange Str.9

44532 Lünen

Muggel

Klosterstr.29

55124 Mainz a Rhein

Müggenkrug

Elsflether Str.53

26125 Oldenburg

Mull

Steingrube 23a

31141 Hildesheim

Mumpitz

Am Bahnhof 10

47137 Duisburg

Münchner Kindl

Luitpoldstr.54

91052 Erlangen

Mundart

Am Heuergrund 6

55129 Mainz a Rhein

Muschelhaus

Schulstr. 36

60594 Frankfurt

Musikbox

Grüner Weg 24

15230 Frankfurt Oder

Musikfabrik

Lagerplatzweg 3

67059 Ludwigshafen

Musikpalette

Kettwiger Str.20

45127 Essen

Musikwerkstatt

Lachener Str.4345

67433 Neustadt

Muskat

Hauptstr.62

37083 Göttingen

Muskelkater

Allee der Kosmonauten 131

12681 Berlin

Mutter

Bunsenstr.15

34127 Kassel

Mylord

Hohe Str.29

40213 Düsseldorf

Mythos

Stephanstr.41

47798 Krefeld

N 8 Topf

Brüsseler Str. 39

13353 Berlin

Na bitte

Gropiusring 58

22309 Hamburg

Nabucco

Erich-Kästner-Str. 21

80796 München

NA UND

Prenzlauer Allee 193

10405 Berlin

Nachrichtentreff

Hans-Böckler-Platz 8

45468 Mülheim an der Ruhr

Nachteule

Grundstr.100

01324 Dresden

Nachtflug

Erzberger Str.113

76133 Karlsruhe

Nachtigall

Büdingenstr.1

40625 Düsseldorf

Nachtkantine

Grafinger Str. 6

81671 München

Nachtleben
Kurt-Schumacher-Str. 45

60313 Frankfurt

Nachtlicht
Huhnsgasse 40

50676 Köln

Nachtschicht
Turmstr.38

89231 Neu-Ulm

Nachtschwärmer
Wattenscheider Str.45

44793 Bochum

Nachtsheim
Hardenbergstr. 15

60327 Frankfurt/Main

Nähkörbchen
Hafenstr.11

40213 Düsseldorf

Nage u. Sauge
Mariannenstr.2

80538 München

Nanu
Falltorstr.25

60385 Frankfurt am Main

Napoleon
Leopoldstr. 132

80804 München

Narrenhäusel
Große Meißner Str.3

01097 Dresden

Nassauer Keller
Karolinenstr.2

90402 Nürnberg

Nautilus
Hauptstr.46B

38110 Braunschweig

Naxos
Freudenthalweg 23

21077 Hamburg

Nebenan
Hüxstr.121

23552 Lübeck

Nektar
Stubenvollstr. 1

81667 München

Nepomuk
Marktstr.22

51143 Köln

Neptun
Lüderitzstr. 1

81929 München

Netter Hof
Dörwerstr.18

44359 Dortmund

Netzlos
Ohlsdorfer Str. 37a

22299 Hamburg

Neuzeit
Danziger Str. 105

10405 Berlin

Neue Zeit
Steinheimer Str.22

63450 Hanau

Neuer PH
Bloherfelder Str.66

26129 Oldenburg

Neuer
Juvenellstr.23

90419 Nürnberg

Neues Leben

Seifertshainer Str.57

04299 Leipzig

Neuzeit
Danziger Str.105

10405 Berlin

Nic-Nic
Bucher Str.72

90408 Nürnberg

Niedlich
An der Steilküste

18551 Lohme / Rügen

Niemandsland
Otto-Baer-Str.8

39118 Magdeburg

Niewo
Günthersburgallee 93

60389 Frankfurt am Main

Nil
Hans-Sachs-Str.2

80469 München

Nilpferd
Karlstr.4

76133 Karlsruhe

Nirwana
Marktplatz 3

15230 Frankfurt Oder

Nixe
Helene-Weigel-Platz9

12681 Berlin

No 1
Sachsenweg 1

59073 Hamm

No Name
Mendelssohnstr.54

30173 Hannover

No Problem
Uhlandstr.25

71638 Ludwigsburg

Nonnenhof
Gaugasse 33

65203 Wiesbaden

Nonstop
Herbert-Baum-Str.11

13088 Berlin

Nordkap
Kantstr. 16

65232 Taunusstein

Nordlicht
Balduinstr.28

20359 Hamburg

Nordpol
Storchmühlenweg 3

99089 Erfurt

Normal
Große Johannisstr. 192

28199 Bremen

Notabene
Klugstr. 158

80637 München

Not & Elend
Obentrautstr.32

10963 Berlin

Noteingang
Bötzowstr.30

10407 Berlin

Novelle
Dr.-Külz-Ring 12

01067 Dresden

Noy
Dürerstr.26

44652 Herne

Nudel u. Co
Pfründnerstr.15

67659 Kaiserslautern

Nudelbrett
Am Hof 18

50667 Köln

Nudelland
Lothringer Str.11

44805 Bochum

Nudelmacher
Kaiserstr. 64

76133 Karlsruhe

Nudel-Nudel
Friedrich-Ebert-Str.55

34117 Kassel

Nudelparadies
Große Str. 77

24937 Flensburg

Nudeltopper
Plantagenstr. 26

14482 Potsdam

Nudels
Wallstr.117

51063 Köln

Nüsslein
Dalbergsweg 11

99084 Erfurt

Null Problemo 3
Ernst-Amme-Str.29

38114 Braunschweig

Null-acht-fufz'n
Johannes-Dick-Str.2

09123 Chemnitz

Nullzwei

Karl-Korn-Str.18

50678 Köln

O Sole Mio
Karl-Marx-Str.180

15230 Frankfurt Oder

O.U.T.
Fechnerstr.7

10717 Berlin

Oase
Nordhäuser Str.73t

99091 Erfurt

Oberkrainer
Hauptmarkt 7

90403 Nürnberg

Oberle
Wersener Str.69

49090 Osnabrück

Oberwasser
Zionskirchstr. 6

10119 Berlin

O'Brian
Hochstr.60

45894 Gelsenkirchen

Ododo
Buttermelcherstr.6

80469 München

Oellig
Neusser Str.87

50670 Köln

Ölkännle
Bernhardstr.21

76131 Karlsruhe

Öm de Eck
Nörvenicher Str.4

52351 Düren

Örgelchen
Drususgasse 7
50667 Köln

Ofenschlupfer
Möhringer Str. 99
70199 Stuttgart

Offenbar
Simon-Dach-Str. 36
10245 Berlin

Öfchen
Klappergasse 32
60594 Frankfurt am Main

Oh it's fresh
Großer Burstah 1
20457 Hamburg

Ohne Ende
Nehringstr.23
14059 Berlin

Ohne Worte
Kaiserstr.3
80801 München

Oktave
Ludwigstr.30A
35390 Gießen

Oktober
Wiesendamm 10
22305 Hamburg

Oldies Bierhaus
Britzer Damm 21
12347 Berlin

Olimbia
Helene-Mayer-Ring 6
80809 München

Olivio
Strandpromenade 58

18609 Binz / Rügen

Oller Kotten
Bochumer Str.134
44625 Herne

Olymp
Granitzer Str. 48
18586 Sellin / Rügen

Olympus
Türkenstr. 38
80799 München

Oma Plüsch
Jungfernstieg 27a
24103 Kiel

Oma Pütt
Osterstr.18
31134 Hildesheim

Oma und Opa
Einsteinstr.13a
39104 Magdeburg

Oma's Faßl
Marktplatz 5
92224 Amberg

Omonia
Lechhauser Str.4
86153 Augsburg

Op dä Höh
Schanzerweg 8
45529 Hattingen

Op de Eck
Biesenbachstr.1
41541 Dormagen

Open End
Taubacher Str. 11
99425 Weimar

OPIUM

Am Salzhaus 4
60311 Frankfurt am Main

Orakel
Saalhausener Str. 50,
01159 Dresden

Orchidee
Halderstr.29
86150 Augsburg

Ossi
Büttger Str.13
41460 Neuss

Ostwind
Husemannstr.13
10435 Berlin

Ouvertüre
Haunwöhrer Str.97
85051 Ingolstadt

Pacific
Allersberger Str.185
90461 Nürnberg

Päusle
Kaiserstr. 117
76133 Karlsruhe

Paganini
Erlenstr. 60
28199 Bremen

Palaver
Steinstr.23
76133 Karlsruhe

Paletti
Grabenstr.42
73033 Göppingen

Panneflicker
Arnsburger Str.32
60385 Frankfurt am Main

Pannenkieker
Hildesheimer Str.318
30519 Hannover

Panorama
Lewishamstr. 1
10629 Berlin

Pan-Tau
Findorffstr. 8- 10
28215 Bremen

Papagei
Blasewitzer Str.60
01307 Dresden

Paparazi
Bahnhofstr.3
67059 Ludwigshafen

PAPA'S AS
Grünberger Str.132
35394 Gießen

Papasitos
Asperger Str.47
71634 Ludwigsburg

Paperla Pap
Königstr.1
44309 Dortmund

Paper Moon
Kreillerstr. 216
81825 München

Papillon
Hofmannstr. 23
81379 München

Parkuhr
Mainzer Str. 2
55257 Budenheim

Parlament
Burgstr. 40

19055 Schwerin

Parterre

Holtenauer Str.236

24106 Kiel

Pascha

Georgenstr.40

92224 Amberg

Pasta u. Basta

Knesebeckstr.94

10623 Berlin

Pater Brown

Kirchstr.39

56564 Neuwied

Pausentreff

Güntzstr. 3

01069 Dresden

Pavian

Schwibbogenplatz 1

86153 Augsburg

Peitsche

Heger Str.1

49074 Osnabrück

Pendel

Blumenstr.17

76133 Karlsruhe

Penelope

Moststr.33

90762 Fürth

Pep

Glockenstr.41

67655 Kaiserslautern

Pepita

Maternistr.17

01067 Dresden

Peppermint

Hohenstaufenring 23

50674 Köln

Perle

Heßstr. 57

80798 München

Petri Heil

Raschigstr.2

67065 Ludwigshafen

Petticoat

Bahnhofstr.15

15230 Frankfurt Oder

Pfänder

Fabrikstr.4

87437 Kempten

Pfannekuchen

Hummenstr.12

31785 Hameln

Pfannenhaus

Ermslebener Str.82

06449 Aschersleben

Pfefferkiste

Wurzner Str.167

04318 Leipzig

Pfefferkorn

Harmoniestr. 59

47119 Duisburg

Pfeifedeggl

Ispringer Str.9

75179 Pforzheim

Pferdestall

Lortzingstr.2

44649 Herne

Pfiffedeckel

Gundelfinger Str.25

79108 Freiburg im Breisgau

Pfifferling
Eisenacher Str. 40
10781 Berlin

Pflaume
Heusingerstr. 76
65934 Frankfurt/Main

Pflaumen-Baum
Brunnenstr. 32
19053 Schwerin

Pfund
Waiblinger Str. 61
70372 Stuttgart

Pfundig
Lindwurmstr. 95a
80337 München

Philharmonie
Heinigstr.45
67059 Ludwigshafen

Phone
Strohberg 10
70180 Stuttgart

Phuket
Schäfergasse 40
60313 Frankfurt am Main

Piccadilly
Guntramstr.22
79106 Freiburg im Breisgau

Piccolo
Haagstr.20
47441 Moers

Pick-Nick
Bahnhofstr.11
36037 Fulda

Pick Pick
Neckarhauser Str.1

68229 Mannheim

PICK-UP
Mukraner Str. 1
18546 Sassnitz / Rügen

Picobello
Neue Str.37
29221 Celle

Piepmatz
Breite Str.56
22767 Hamburg

Pikant
Bischofsweg 17
01097 Dresden

Pik Bube
Markscheiderstr.1
44269 Dortmund

Pikkolo
Markt 1
18569 Gingst / Rügen

Pille
Curtiusstr.2
50935 Köln

Pilsbar Comeback
Engelhardsgasse 31
90402 Nürnberg

Pilskrug
Richard-Strauss-Str.7
81677 München

Pilstreff be happy
Ulmer Str.148
86156 Augsburg

Pims
Knorrstr. 172

80937 München

Pinguin
Strandstr. 9

17424 Heringsdorf / Usedom

Pink Panther
Friesenstr.2

50670 Köln

Pinocchio
Bahnhofstr.19

36037 Fulda

Pinte
Boschetsrieder Str. 79

81379 München

Pinwand
Eschholzstr.38

79106 Freiburg im Breisgau

Piroschka
Jungfernstieg 29

12207 Berlin

Pisa
Heerstr. 47

60488 Frankfurt

Pizza Hölle
Dammstr. 42

35390 Gießen

Plantage
Rudolf-Breitscheid-Str. 85

14482 Potsdam

Planungskneipe
Kernstr.29

90429 Nürnberg

Platsch Bistro
Ludwigstr.2

86152 Augsburg

Plauderstübchen

Zwenkauer Str.30

04277 Leipzig

Plauscherl
Nibelungenpassage

94032 Passau

Playhouse Pub
Theodor-Wiedemann-Str. 19

86161 Augsburg

Playpoint
Belfortstr.21

79098 Freiburg im Breisgau

Pleitegeier
Hauptstr.100

91054 Erlangen

Plop
Kölner Str.496

47807 Krefeld

Pluntschli
Husbyries 1

24975 Husby

Plus
Oppenheimer-
Landstr. 31

60596 Frankfurt

Poco Loco
Gastfeldstr.26

28201 Bremen

Poco-Lobo
Boeler Str.10

58097 Hagen

Podium
Kirchtreppe 8

45219 Essen

Pötterhoek
Ostmarkstr.96

48145 Münster

Pötzje

Eigelstein 18
50668 Köln

Point

Wasserburger Landstr. 108
81827 München

Polar

Hammerweg 4
99087 Erfurt

Polarstern

Spielhagenstr. 6
10585 Berlin

Polka

Hopfenstr.34
20359 Hamburg

Polster

Am Deckersweiher 26
91056 Erlangen

Pomm u. Toffel

Clemensstr.17
56068 Koblenz am Rhein

Pomp

Große Bleiche 29
55116 Mainz a Rhein

Pompei

Danziger Str. 5
65191 Wiesbaden

Ponderosa

Friedensstr.1
63071 Offenbach am Main

Pop-As

Thalkirchner Str.12
80337 München

Pörtner

Pariser Str.359
67663 Kaiserslautern

PositHiv

Alvenslebenstr.26
10783 Berlin

Positiv

Stettenstr.32
86150 Augsburg

Postamt Nr. 8

Bautzner Landstr.23
01324 Dresden

Postbüddel

Großflecken 25
24534 Neumünster

Pott u. Pann

Stiftsallee 4
32425 Minden

Pott

Bischofsweg 21
01099 Dresden

Pow Wow

Klinkertorstr.1
86152 Augsburg

Präsidenten

Lohstr.112
47798 Krefeld

Präsidium

Nordwall 45
47798 Krefeld

Praline

Bahnhofstr.31
59065 Hamm

Prediger

Schellengasse 16
74072 Heilbronn

Prellbock
Nonnenstr.42a
04229 Leipzig

Preußen-Eck
Poetensteig 1
15230 Frankfurt Oder

Primo Piano
Tibarg 16
22459 Hamburg

Prinzipal
Prinzregentenplatz12
81675 München

Prinzn
Freyung 631
84028 Landshut

Prisma
Landschreibereistr.2
67433 Neustadt

Privileg
Bahnhofstr.3
73728 Esslingen am Neckar

Pro Mille
Ostenallee 73
,59063 Hamm

Probierstube
Schauenburgerstr.49
24105 Kiel

Profi
Bochumer Str.96
44866 Bochum

Profil
Gertigstr.7
22303 Hamburg

Promill'chen
Wilhelmstr.27

80801 München

Promillestube
Grüner Graben 13
67655 Kaiserslautern

Prösterchen
Hedwigstr.6
38118 Braunschweig

Protest
Werftstr.25
68159 Mannheim

Pssst !
Brandenburgische
Str. 73
10713 Berlin

PS-Stube
Jollystr.51
76137 Karlsruhe

Pudelhütte
Damaschkeweg 62
24113 Kiel

Puderdöschen
Stoltzestr. 17
60311 Frankfurt

Pünktchen
Finowstr.11
10247 Berlin

Pütz
An der Norf 72
41469 Neuss

Pullen
Bergheimer Str.68
41464 Neuss

Pur Pur
Dreimühlenstr. 30
80469 München

Pulverfaß
Kaiserstr.24
26122 Oldenburg

Pulvermanns Grab
Howorkastr.20
06118 Halle

Pump House
Bienertstr.55
01187 Dresden

Pumpernickel
Stresemannstr.2
85051 Ingolstadt

Pumuckl
Adelgundenstr. 12
80538 München

Pupasch
Bärenstr. 6
65183 Wiesbaden

Pupille
Kleine Pfahlstr.9
30161 Hannover

Puppenstube
Schleißheimer Str. 246
80809 München

Pur
Frankfurter Ring 226
80807 München

Purzelbaum
Lappenbergsallee 46
20257 Hamburg

Puschkin
Hafenstr. 72
27576 Bremerhaven

Pussy-Cat
Rembergstr.4

58095 Hagen

Pusteblume
Martin-Luther-Str.95
10825 Berlin

Pustekuchen
Wallgraben 24
21073 Hamburg

Putz Weg
Schillerstr.80
27570 Bremerhaven

Pyramidenspitze
Deisenhofener Str. 38
81539 München

Pythagoras
Casinostr.1a
56068 Koblenz am Rhein

Q
Ritter-von-Eitzenberger-Str.7
95448 Bayreuth

Q-Stall
Kurze Str.3
40213 Düsseldorf

Quadratmeter
Moltkestr.30
35390 Gießen

Quakerstüble
Mainaustr.160
78464 Konstanz

Qualitätseck
Hedderichstr. 132
60596 Frankfurt

Quantum
Wetzsteinstr.13
35390 Gießen

Quarta

Bahnhofsplatz 7

91522 Ansbach

Quartier Latin

Goethestr.56

35390 Gießen

Quatro

Ehnernstr.116

26121 Oldenburg

Quarx

Siegmunds Hof 21

10555 Berlin

Querbeet

Bahrenfelder Str.180

22765 Hamburg

Quetsch

Hauptstr. 7

50996 Köln

Quetsche

Marktkirchhof 4

38640 Goslar

Quetschn

Wölfelstr.20

95444 Bayreuth

Rabeneck

Belremstr.6

75180 Pforzheim

Radau

Taubenstr.17

20359 Hamburg

Rädle

Gartenstr.27

74072 Heilbronn

Radieschen

Gemüsemarkt 15

36037 Fulda

Radio Eriwan

Luxemburger Str.124

50939 Köln

Radlsteg Eins

Radlsteg 1

80331 München

Radlwirt

St.-Cajetan-Str. 1

81669 München

Rama

Mittelstr.117

68169 Mannheim

Ramazzotti

Hohenzollernplatz 8

80796 München

Rampenlicht

Appellhofplatz 3

50667 Köln

Rappelkiste

Düsseldorfer Str.528

47055 Duisburg

Rappen

Sulzbachgasse 18

70372 Stuttgart

Rapunzel-Bar

Platenstr.13

90441 Nürnberg

Rashomon

Bietigheimer Str.10

71634 Ludwigsburg

Rasputin

Schillerstr.5

28195 Bremen

Rassler

Dillsteiner Str.11

75173 Pforzheim

Rat-Rat
Rotenwaldstr. 114

70197 Stuttgart

Ratschkathl
Frundsbergstr.3

80634 München

Ratte
Gumbertstr.100

40229 Düsseldorf

Rattenfängerhaus
Osterstr.28

31785 Hameln

Rattenloch
Augsburger Str. 82

01277 Dresden

Rattenspiegel
Engelbergerstr.37

79106 Freiburg im Breisgau

Ratz-Fatz
Grenzstr.36

46045 Oberhausen

Rauchfang
Lessingstr.25

27568 Bremerhaven

Rauhe Schwarte
Böhmerstr.17

58095 Hagen

Raugrund
Raugrundstr. 2

75323 Bad Wildbad

Raumann
Am Pletzerturm 3

52349 Düren

Rausch

Goystr.27

44803 Bochum

Real
Katharinenpforte 6

60313 Frankfurt am Main

Reale
Kamenzer Str.42B

01099 Dresden

Reblaus
Unteres Tor 8

95028 Hof

Rebstöckl
Gutenbergstr.12

67069 Ludwigshafen

Rechner
Rheingasse 6

50676 Köln

Red
Lehmweg 48

20251 Hamburg

Redaktion
Belgradstr.34

80796 München

Reflex
Seitzstr. 5

80538 München

Refugium
Herthastr. 1

50969 Köln

Regenbogen
Werner-Hilpert-Str.3

34117 Kassel

Regnitzlöchla
Werker 2

91054 Erlangen

Reichsapfel
Schweizstr.8
01259 Dresden

Rein
Freihofstr. 71
70439 Stuttgart

Reis
Leopoldstr.6
76133 Karlsruhe

Reitschule
Königinstr. 34
80539 München

Reitstall
Holstenstr. 13
22767 Hamburg

Reizbar
Agnesstr. 54
80798 München

Relax
Kurt-Schumacher-Str. 26a
38102 Braunschweig

Rellex
Hohenzollernring 89
50672 Köln

Remise
Mariendorfer-Damm 88
12109 Berlin

Rendezvous
Zeil 1
60313 Frankfurt am Main

Rennbahn
Oskar-Röder-Str. 1
01237 Dresden

Resonanz
Ebersstr.66

10827 Berlin

Restaurant Merci
Gutsstr.1
07551 Gera

Restaurante Olé
Heumarkt 2
63450 Hanau

Restauration
Schloßmühlstr.31
63073 Offenbach am Main

Rheinfäßchen
Frankenwerft 7
50667 Köln

Rheinländer
Auenweg 173
51063 Köln

Rheinperle
Maxau 25
76187 Karlsruhe

Rheinufer
Rheingaustr. 158
65203 Wiesbaden

Riffifi
Dorotheenstr.142
22299 Hamburg

Ringelnatz
Bertheaustr.29
37075 Göttingen

Rio Grande
Fuhlsbüttler Str.666
22337 Hamburg

Ritterlein
Frankfurter Str.2
44143 Dortmund

Roche

Georgstr.60

27570 Bremerhaven

Rockfabrik

Riedingerstr.24

86153 Augsburg

Rodeo

Eschersheimer Landstr. 158

60322 Frankfurt

Rollerstüble

Hauptstr.76a

75181 Pforzheim

Romulus u. Remus

Hirsauer Str.9

75180 Pforzheim

Rondell

Am Turnisch 3

40231 Düsseldorf

Rosa Rosa

Von-Römer-Str.2

95444 Bayreuth

Rose

Esslinger Str. 11

60329 Frankfurt

Rosendiele

Rosenstr.3

12555 Berlin

Roseneck

Fabriciusstr.120

22177 Hamburg

Rosenrot

Turmstr.4

50733 Köln

Roßstall

Roßstr.87

40476 Düsseldorf

Rösti

Brüderstr.14

44787 Bochum

Rostige Matte

Carl-Zeiss-Str.15

74078 Heilbronn

Rote Nase

An der Gete 106

28211 Bremen

Roter Elephant

Allerheiligenstr. 4

99084 Erfurt

Roter Knopf

Paradiesstr. 7

78462 Konstanz

Roter Mond

Bremer Reihe 25

20099 Hamburg

Roter Schuh

Hamburger Str. 31

01067 Dresden

Rotkäppchen

Am Dobben 97

28203 Bremen

Rotkehlchen

Rudolf-Bultmann-Str.2a

35039 Marburg

Rubbelstubb

Seligenstädter Str.21

63073 Offenbach am Main

Rubens-Eck

Rubensstr.88

12157 Berlin

Rucola

Berger Str. 10

60316 Frankfurt

Ruck-Zuck

Lindenallee 15

66538 Neunkirchen

Ruhestörung

Tetzelgasse 21

90403 Nürnberg

Ruhrpott

Welperstr.29

45525 Hattingen

Rum Trader

Fasanenstr.40

10719 Berlin

Rumpelkammer

Jakobistr.2

30163 Hannover

Rumpelkiste

Zillestr.22

10585 Berlin

Rumpelstilzchen

Spittelgartenstr.15

99089 Erfurt

Rumpler

Baumstr. 21

80469 München

Runkel

Neusser Str.202

50733 Köln

Rüssel

Bürgermeister-Smidt-Str.145

27568 Bremerhaven

Rußwurmhaus

Eichenforstgäßchen 14

92224 Amberg

Sabberlodd

Wiesentalstr.21

90419 Nürnberg

Sackpfeife

Bäckergasse 18

86150 Augsburg

Safari

Lessingstr. 8

27568 Bremerhaven

Safir

Bleichstr.8

75173 Pforzheim

Safran

Oranienstr.172

10999 Berlin

Saffran's

Collenbachstr.21

40476 Düsseldorf

Sagebuiiken

Westernstr.29

33098 Paderborn

Sahara

Eiffestr.382

20537 Hamburg

Sahne

Eschersheimer Landstr. 328

60320 Frankfurt am Main

Saigon

Martinistr.14

20251 Hamburg

Saitensprung

Großneumarkt 24

20459 Hamburg

Sakrisch guat

Elisabethstr.36

80796 München

Sakristei
Gablenberger Hauptstr. 84

70186 Stuttgart

Salatplatz
Fuhsestr.5

29221 Celle

Salatstube
Untere Rheinstr. 21

78479 Reichenau

Salute
Heinickestr. 3

20249 Hamburg

Salvador Dali
Silcherstr.1

22761 Hamburg

Salzstange
Rheinauer Ring 12

68219 Mannheim

Sammelsurium
Oldeoog 2

28259 Bremen

Samowar
Theresienstr.124

80333 München

Sandbar
Antwerpener Str. 53

50672 Köln

Sanddorn-Eck
Schulweg 1

18565 Vitte / Hiddensee

Sandkasten
Wallstr.9

60594 Frankfurt am Main

Sandkist
Sandweg 74

60316 Frankfurt

Sandmann
Hasengasse 9

90427 Nürnberg

Sandwich
Berger Str.157

60385 Frankfurt am Main

Sängerkranz
Alte Talstr.10

73732 Esslingen am Neckar

Sängerlust
Ludwigsburger Str.46

74080 Heilbronn

Sängerwarte
Pettenkoferstr.48

80336 München

Sanssouci
Bierweg 71

90411 Nürnberg

Sappralott
Donnersbergerstr.37

80634 München

Sarajewo
Zufuhrstr.20

90443 Nürnberg

Sargdeckel
Adam-Kuckhoff-Str. 39-41

06108 Halle

Sattelkammer
Im Schloßgarten

69117 Heidelberg

Sattelstube
Kernerstr. 270

75323 Bad Wildbad

Saufnischab

Kötzschenbrodaer-
Str. 42

01139 Dresden

Saus und Braus

Kirchenstr.38

81675 München

Schabernack

Käkenflur 14B

22419 Hamburg

Schachtel

Große Langgasse 14

55116 Mainz a Rhein

Schade

Geiststr.4

06108 Halle

Schärpe Eck

Zollstr.15

41460 Neuss

Schängelche

An der Liebfrauenkirche 3

56068 Koblenz am Rhein

Schäperkaat

Segeberger Str.95

24539 Neumünster

Schall u. Knall

Wismarsche Str. 126

19053 Schwerin

Schall und Rauch

Gleimstr.23

10437 Berlin

Schampus

Schleusenstr.33

27568 Bremerhaven

Scharfes Eck

Schleiermacherstr.42

86165 Augsburg

Scharfrichterhaus

Milchgasse 2

94032 Passau

Schärpe Eck

Zollstr.15

41460 Neuss

Schatten

Zaisgasse 1

70372 Stuttgart

Schatulle

Haldenrainstr. 108

70437 Stuttgart

Schatzi

Hermsdorfer Str. 8

12627 Berlin

Schatzinsel

Woltmershauser Str. 91

28197 Bremen

Schatzkästle

Königstr.63

90762 Fürth

Schaufenster

Telemannstr.2

95444 Bayreuth

Schaukelpferd

Hauptstr.6

13591 Berlin

Schau'n mermal

Stiftstr. 20

65232 Taunusstein

Schaukelstühlche
n

Kurze Str.18

40213 Düsseldorf

Scheibe

Eicher Str.4

87435 Kempten

Schellenturm

Weberstr. 72

70182 Stuttgart

Schere

Markgrafenallee 2

95448 Bayreuth

Scheufele

Annostr. 92

50678 Köln

Scheune

Beekstr.86

47051 Duisburg

Scheus Rößlein

Elisenstr.13

90441 Nürnberg

Schiefe Ebene

Elsenstr.101

12435 Berlin

Schiff Ahoi

Sonderburgstr.27

40545 Düsseldorf

Schiff

Olgastr.50

73728 Esslingen

Schiffer Börse

Kirchenallee 46

20099 Hamburg

Schiffler

Gröpelinger-

Heerstr. 21

28237 Bremen

Schildchen

Schildgasse 3-4

99084 Erfurt

Schilderstubb

Bierbrauerweg 41

63071 Offenbach am Main

Schildkröte

Am Lehester Deich 81

28357 Bremen

Schillers Glocke

Schillerstr.11

90762 Fürth

Schimmelreiter

Am Reiterhof 28

45327 Essen

Schindelhaus

Mönchebergstr.46

34125 Kassel

Schindelstüble

Rennbachstr. 17

75323 Bad Wildbad

**Schinder
hannes**

Kreuzstr.100

38118 Braunschweig

Schinken-Peter

Perlacher Str.53

81539 München

Schinken-Poppe

Wegesende 20

28195 Bremen

Schlägel + Eisen

Kirschenallee 87

47443 Moers

Schlampazius

Wagenburgstr. 147
70186 Stuttgart

Schlappen
Löwenstr.2
79098 Freiburg im Breisgau

Schlaraffenladen
Michaelstr.77
41460 Neuss

Schlawiener
Kesselsdorfer Str.106
01159 Dresden

Schlemmerbox
Carl-Benz-Str.10
60314 Frankfurt am Main

Schlemmerbüffet
Am Bahnhof 3
36037 Fulda

Schlemmeria
Kronprinzenstr.102
40217 Düsseldorf

Schlemmerkotten
Düstruper Str.43a
49086 Osnabrück

Schlemmerstube
Neckarstr. 154
70190 Stuttgart

Schlemmertheke
Rödelheimer Landstr. 134
60487 Frankfurt am Main

Schlemmertöpfle
Max-Eyth-Str.10
73733 Esslingen

Schlendrian
Königsteiner Str.59A
65929 Frankfurt am Main

Schlicht
Woltmershauser Str. 138
28197 Bremen

Schlippche
Wielandstr.61
60318 Frankfurt am Main

Schloss-Zorn
Claubergstr.1
47051 Duisburg

Schlot
Kastanienallee 29
10435 Berlin

Schlotfeger
Goethestr.38
91054 Erlangen

Schluckebier
Hauptstr.12
67433 Neustadt

Schluckspecht
Raschplatz 3F
30161 Hannover

Schlupfwinkel
Wollhausstr.50/1
74072 Heilbronn

Schlüssel
Lange Str.40
73033 Göppingen

Schmackes
Otto-Röhm-Str.72A
64293 Darmstadt

Schmalbauch
Birkenstr.46
40233 Düsseldorf

Schmale Weste
Grenzstr.175

45881 Gelsenkirchen

Schmalznudel
Prälat-Zistl-Str.8

80331 München

Schmalzstolle
Mierendorffstr.17

10589 Berlin

Schmalzstulle
Großgörschenstr.37

10827 Berlin

Schmankerl
Schlangenbader Str. 25

14197 Berlin

Schmankerl-stub'n
Isargestade 726

84028 Landshut

Schmärrnche
Kleine Spillingsgasse 10

60385 Frankfurt am Main

Schmelztiegel
Bergstr.19

90403 Nürnberg

Schmetterball
Orbker Str.41

32758 Detmold

Schmuck
Risserkogelstr.16

81673 München

Schmuckerl
Pfaffenbrunnenstr.156

63456 Hanau

Schmuckkasterl
Lerchenauer Str. 10

80809 München

Schmuggler

Harkortstr.36a

22765 Hamburg

Snakeline
Carl-August-Allee 16

99423 Weimar

Schnapsmuseum
Potthofstr.2

58095 Hagen

Schnarchhahn
Rathausplatz 23

58507 Lüdenscheid

Schnattereck
Industriestr. 9

75382 Althengstett

Schneckenhaus
Bernstorffstr.145

22767 Hamburg

Schneckenburg
Kuglerstr. 17

81675 München

Schneeburg
Schneeburgstr.2

79111 Freiburg im Breisgau

Schneewittchen
Tegeler Weg 101

10589 Berlin

Schneiderlein
Ehrengutstr. 4

80469 München

Schnick Schnack
Kleines Katharinengäßchen 8

86150 Augsburg

Schnitzelbank
Bauamtsgasse 7

69117 Heidelberg

Schnitzelflieger
Grille 5
32423 Minden

Schnitzelparadis
Kantstr.162
10623 Berlin

Schnitzelpfanne
Zülpicher Str.4
52349 Düren

Schnitzelstube
Werderstr. 74b
19055 Schwerin

Schnitzelwirt
Gottfried-Böhm-Ring 21
81369 München

Schnörkel
Altenessener Str.418
45329 Essen

Schnoor Treff
Am Landherrnamt15
28195 Bremen

Schnürsenkel
Fabrikzeile 1
95028 Hof

Schnuff 2
Sandweg 5
40468 Düsseldorf

Schnulze
Winsener Str.56
21077 Hamburg

Schöne Aussicht
Mülbergerstr.180
73728 Esslingen am Neckar

Schöne Müllerin
Baumweg 12

60316 Frankfurt am Main

Schöppchen
Karlstr.1
36037 Fulda

Schopenhauer
Riesenfeldstr. 30
80809 München

Schoppenkeller
Paulustor 6
36037 Fulda

Schoppenstecher
Hörsterstr.18
48143 Münster

Schote
Emmastr.25
45130 Essen

Schräg Eck
Luisenstr.1
51377 Leverkusen

Schraube
Akademiestr.57
76133 Karlsruhe

Schreberhaus
Waldäcker 2
73734 Esslingen

Schreinerei
Heerdter Landstr.245
40549 Düsseldorf

Schreinerhof
Schreinerstr.23
10247 Berlin

Schubkärchl
Rheinfeldstr.33
67063 Ludwigshafen

Schubkarre

Hoher Weg 36
67067 Ludwigshafen

Schublad
Bad-Aussee-Str.37
67069 Ludwigshafen am Rhein

Schublädchen
Oberhausener Str.247
45476 Mülheim an der Ruhr

Schuhputzer Pub
Wiederitzscher Str.26
04155 Leipzig

Schulungsheim
Fahrgasse 21
68307 Mannheim

Schümli
Theaterstr.3
37073 Göttingen

Schützenbruder
Friedrich-Profit-Str. 41
67063 Ludwigshafen am Rhein

Schützenhütt'n
Grohmannstr. 61
80933 München

Schützenlust
Herterichstr. 46
81479 München

Schwabe
Magdeburger Allee 10
99086 Erfurt

Schwabenroller
Schorndorfer Str.63
73730 Esslingen am Neckar

Schwabentörle
Oberlinden 23
79098 Freiburg im Breisgau

Schwalbennest
Lindenthaler Allee 46
14163 Berlin

Schwammeltreff
An der Markthalle 1
09111 Chemnitz

Schwan
Arnheimer Str.52
40489 Düsseldorf

Schwarzbrenner
Im Schlenk 32
47055 Duisburg

Schwarzmarkt
Brückenstr. 37
60594 Frankfurt

Schwarze Maus
Kölner Landstr.240
40591 Düsseldorf

Schwarze Katz
Zugspitzstr. 10
81541 München

Schwarzer Bock
Pfarrstr.31
91522 Ansbach

Schwarzer Hengst
Spannhagengarten 12A
30655 Hannover

Schwarzer Kater
Gustav-Adolf-Str.15
13086 Berlin

Schwarzer Peter
Halberstädter Str.174
39112 Magdeburg

Schwarzes Meer

Ringstr.26

27572 Bremerhaven

Schwarzes Schaf

Frankenstr.1

40476 Düsseldorf

Schwarzwaldmädl

Bahnhofstr.12

75172 Pforzheim

Schweinske

Bramfelder Chaussee 280

22177 Hamburg

Schwemme

Walltorstr.10

35390 Gießen

Schweppe

Laerfeldstr.47

44803 Bochum

Schwimmbad

Köngener Str.50

73734 Esslingen am Neckar

Schwimmkrabbe

Ickstattstr.13

80469 München

Schwips

Georg-Wilhelm-Str. 7

21107 Hamburg

Seebär

Vorderreihe 51a

23570 Lübeck

Seekuh

Konzilstr.1

78462 Konstanz

Seelord

Pfaffplatz 1

67655 Kaiserslautern

Seepferdchen

Hein-Hoyer-Str.11

20359 Hamburg

Seeschau

Zur Schiffslände 11

78465 Konstanz

Seestern

Strandpromenade 38

18609 Binz / Rügen

Seeteufel

Hafenstr. 2

18546 Sassnitz / Rügen

Seewarte

Paulsdammer Weg 2

19055 Schwerin

Seifen

Cranger Str.23

45894 Gelsenkirchen

Seilbahn

Max-Liebermann-

Str. 91

04157 Leipzig

Sempre

Karmarschstr.50

30159 Hannover

Senftöpfchen

Südstr.18

59065 Hamm

Senkrecht

Amalienstr.91a

80799 München

Sennhütte

Hoppensteinstr.25

35398 Gießen

Sentiment'l

Bodenstedtstr.58
81241 München

Seoul
Göttinger Chaussee 43
30453 Hannover

September
Feldstr.60
20357 Hamburg

Servus
Altmarkt 3
47441 Moers

Setzkasten
Wagemannstr. 33
65183 Wiesbaden

Seute Deern
Bei der Kirche 10
27476 Cuxhaven

Si
Eschborner Landstr. 36
60489 Frankfurt

Sichelschmiede
Insel 1
79098 Freiburg im Breisgau

Sichtbar
Kaiserpassage 6
76133 Karlsruhe

Siebenbürgen
Fürstenauer Weg 191
49090 Osnabrück

Siebrecht
Überdorfer Str.183
45886 Gelsenkirchen

Silberdollar
Hofackerstr.34f
86179 Augsburg

Silberling
Berliner Platz 6
99091 Erfurt

Silbermund
Michaelisstr. 34
99084 Erfurt

Silberpfeil
Marienbergstr.41
90411 Nürnberg

Silberschale
Kürschnergasse 3
99084 Erfurt

Silberstolln
Hauptstr.1a
01097 Dresden

Simbad
Emscherallee 38
44369 Dortmund

Simplicissimus
Ingrimstr.16
69117 Heidelberg

Sindbad
Ebertstr.7
45879 Gelsenkirchen

Sinnlos
Hospitalstr. 7
65929 Frankfurt

Sinnopoli
Badstr.13
95444 Bayreuth

SIR
Kantstr.4
34121 Kassel

Sirtaki
Münchener Str.57

28215 Bremen

Sioux
Wernerstr. 10
70469 Stuttgart

Sixpack
Aachener Str.33
50674 Köln

Sixties
Kaiserslauterer Str.2
67098 Bad Dürkheim

Skipper's Corner
Volkhartstr.12
86152 Augsburg

S'Kneiple
Lilienweg 1
77656 Offenburg

S'Knerzje
Pariser Str.50
67655 Kaiserslautern

Skult
Volmerswerther-Str. 35
40221 Düsseldorf

S-Kurve
Carl-Benz-Str.4
68167 Mannheim

s'Lädl
Burgstr.2
68165 Mannheim

S'Ländle
Seerosenstr. 15
70563 Stuttgart

s'Lager
Untere Str.35
69117 Heidelberg

Smal-Talk

Hussenstr.4
78462 Konstanz

Snack-Box
Bataverstr.93
41462 Neuss

Snaxx
Kochbrunnenplatz 3
65183 Wiesbaden

Snobbys
Langenhorner- Chaussee 5
22335 Hamburg

Snooky
Jahnstr.6
92224 Amberg

Söckchen
Markmannsgasse 15
50667 Köln

Sockenschuß
Ettlinger Str.33
76137 Karlsruhe

Sofram
Steindamm 5
20099 Hamburg

Soho
Fritschengäßchen 5
60594 Frankfurt

Solemio
Klagenfurter Ring 89
65187 Wiesbaden

Solo
Pariser Str. 19
10707 Berlin

Sombrero
Hemmstr.141
28215 Bremen

Sommerfrische
Pestalozziplatz 10
01127 Dresden

So Na Mu
Eppendorfer Weg 159
20253 Hamburg

Sonder-Bar
Horstweg 7
14059 Berlin

Sonnenbad
Liebknechtstr.15
39108 Magdeburg

Sonnengold
Zur Hainbuche 2
35043 Marburg

Sonnenschein
Am Martinszehnten 2
60437 Kalbach

Sonnenwinkel
Otto-von-Guericke-Str. 107
39104 Magdeburg

Sonntag
Roonstr. 82
47169 Duisburg

Sor
Hamburger Berg 23
20359 Hamburg

Sorgenfrei
Gottschedstr.2
22301 Hamburg

Sorger
Hans-Mielich-Str.40
81543 München

Sottje
Celsiusweg 19

22761 Hamburg

Sound
Hafenstr. 57
27576 Bremerhaven

Soundgarden
Löwengrube 14
94032 Passau

Souterrain
Papenhuder Str.26
22087 Hamburg

Sowieso
Mühlstr.36
64283 Darmstadt

Spätschicht
Torstr.20
06110 Halle

Spätzle-Haus
Hegebläch 33
30419 Hannover

Sparr
Hamburger Berg 4
20359 Hamburg

Sparstrumpf
Greifswalder Str. 48
10405 Berlin

Spatzeflint
Borsigstr. 1
65205 Wiesbaden

Speck-Kiste
Nohlstr.97
46045 Oberhausen

Speckmaus
Langemarkstr. 18
46045 Oberhausen

Speicherkeller

Hopfensack 26

20457 Hamburg

Speisemeisterei

Schloß Hohenheim

70599 Stuttgart

Speiseplatte

Schmollerstr.19

74074 Heilbronn

Spezerei

Wöhrstr.1

91054 Erlangen

Spiegel

Altenbekener-

Damm 17

30173 Hannover

Spielland

Bismarckallee 2a

79098 Freiburg im Breisgau

Spielodrob

Würzburger Str.44

91522 Ansbach

Spielplatz

Jörg-Ratgeb-Platz 6

74081 Heilbronn

Spinnrad

Langenhorner Chaussee 166

22415 Hamburg

Spinnrädl

Schillerstr.1

67655 Kaiserslautern

Spionskopf

Am Spionskopf 33

39122 Magdeburg

Spiros u. Spiros

Sülldorfer Landstr.164

22589 Hamburg

SPITZ

Lübecker Str.1

50668 Köln

Spitzbub

Bensberger Str.51a

51375 Leverkusen

Spitzwegklause

Böcklerstr.9

38102 Braunschweig

Split

Wielandstr. 7

65187 Wiesbaden

Spökenkieker

Hakenstr.25

49074 Osnabrück

Sportlereck

Indira-Gandhi-Str.8

13088 Berlin

Sports

Baumschulenweg 10

28213 Bremen

SPORTWERK

Hagenbeckstr.124a

22527 Hamburg

Spring

Sillemstr. 108

20257 Hamburg

Springbrunn

Barmbeker Str.70

22303 Hamburg

Spritzenklause

Erzbergerstr.1

22765 Hamburg

Sprößling

Mozartstr.9

50674 Köln

Spruchbeutel

Asangstr. 15

70329 Stuttgart

Spund

Mohlenhofstr. 3

20095 Hamburg

Spundenfresser

Am alten Bahnhof 26

76149 Karlsruhe

Spundloch

Paulinenstr.19

20359 Hamburg

s' runde Eck

Kistlerhofstr. 168

81379 München

St. Petri

Harrisleer Str.55

24939 Flensburg

Stachel

Keplerstr. 7

39104 Magdeburg

Stachelbeere

Gartenstr.70

34125 Kassel

Stadtgeflüster

Heidestr.33

39112 Magdeburg

Stadtpfeiffer

Augustusplatz 8

04109 Leipzig

Stamm

Bieberer Str.85

63065 Offenbach am Main

Stamm-Kneipe

Robert-Siewert-Str.34

09122 Chemnitz

Stapelskotten

Wolbecker Str.418

48157 Münster

Starck

Dithmarscher Str.13

22049 Hamburg

Starlight

Trittauer Amtsweg 6

22179 Hamburg

Star-Treff

Turiner Str. 3

50668 Köln

Start u. Ziel

Am Revierpark

44627 Herne

Statt Park

Grindelallee 1

20146 Hamburg

Statt

Grempstr.21

60487 Frankfurt am Main

Staudenwirt

Stadtberger Str.10

86157 Augsburg

Stecher

Westliche Karl-Friedrich-Str.53

75172 Pforzheim

Stein

Hastedter Dorfstr. 12

28207 Bremen

Steinbruch

Lotharstr.318-320

47057 Duisburg

Steinhaufen

Antonienstr.26

04229 Leipzig

Steinkauz

Himmelgeister Str.75

40225 Düsseldorf

Steinkrügl

Herrnstr.20

92224 Amberg

Steinmetz

Kaiser-Joseph-Str. 193

79098 Freiburg im Breisgau

Steinweggrotte

Steinweg 7

60313 Frankfurt am Main

Steirer Stüber'l

Davidstr.5

20359 Hamburg

Stelldichein

Mockauer Str.134

04357 Leipzig

Steppenwolf

Schmuckstr.9

20359 Hamburg

Steps

Johannisstr.83

90419 Nürnberg

Sternbüschchen

Sternbuschweg 24

47057 Duisburg

Sterndeuter

Theaterplatz 48c

99423 Weimar

Sternen

Leutweinstr. 7

28219 Bremen

Sternschnuppe

Fleischhauerstr.78

23552 Lübeck

Sterntaler

Dickswall 8

45468 Mülheim an der Ruhr

Steuermann

Hansastr.13

76189 Karlsruhe

Sticht

Lange Str.98

58089 Hagen

Stiege

Kirchtreppe 7

45219 Essen

Stift

Stiftsplatz 1

87439 Kempten

Stilbruch

Augustastr. 80

47198 Duisburg

Stimmt so

Isartorplatz 4

80331 München

Stoa

Gollierstr. 38

80339 München

Störtebeker

Knochenhauerstr.13

28195 Bremen

Stößchen

Landgrafenstr.160

44139 Dortmund

Stövchen

Ursulakloster 4

50668 Köln

Stolpereck

Hedderichstr.43

60594 Frankfurt am Main

Stolpereck

Trippstadter Str.56

67663 Kaiserslautern

Stoobwolke

Querweg

06849 Dessau

Storch

Saalgasse 3-5

60311 Frankfurt

Storchennest

Malplaquetstr.43

13347 Berlin

Stradivari

Kaiserstr.26

24534 Neumünster

Stragula

Bergmannstr.66

80339 München

Strandbuffet

Strandpromenade 24

18906 Binz / Rügen

Strandeck

Boddenstr. 14

18528 Lietzow / Rügen

Strandhalle

Strandpromenade 5

18906 Binz / Rügen

Straßenbahn

Laubacher Str.29

14197 Berlin

Streng

Gremberger Str. 80

51105 Köln

Strohalm

Hauptstr.107

91054 Erlangen

Strohhut

Marzahner Chaussee 85

12681 Berlin

Strohlampe

Alsterdorfer Str.111

22299 Hamburg

Strohmann

Cranger Str.299

45891 Gelsenkirchen

Stromboli

Rühmkorffstr.1A

30163 Hannover

Struwelpeter

Schillerstr.9

75175 Pforzheim

Stube u. Küche

Lindenufer17

13597 Berlin

Stubbenkammer

Seestr. 17

18546 Sassnitz / Rügen

Stüffje

Mittelstr.8a

56564 Neuwied

Stützpunkt

Holtenauer Str.275

24106 Kiel

Stuhlmacher
Prinzipalmarkt 6-7
48143 Münster

Stumpfer Hobel
Gunnestr.8
33106 Paderborn

subs & snaxx
Pilotystr.29
90408 Nürnberg

Substanz
Ruppertstr.28
80337 München

Sudhaus
Buntentorsteinweg 120
28201 Bremen

Südpol
Beesener Str.217
06110 Halle

Südwind
Seestr. 18
17429 Bansin / Usedom

Süßer Winkel
Markt 5
07545 Gera

Sulky-Grill
Luruper Chaussee 141
22761 Hamburg

Sultan
Brückstr.32
44135 Dortmund

Sumo
Aachener Str.17
50674 Köln

Sumpf
Kasinostr.105

64293 Darmstadt

Sumpfblume
Baldstr.2
90762 Fürth

Sunflower
Bahnhofsplatz 2
31785 Hameln

Suppekasper
Am Friedhof 3
55411 Bingen

Suppenbar
Moskauer Platz 10
99091 Erfurt

Suppenlöffel
Görlitzer Str. 22
01099 Dresden

SuppKultur
Friedrich-Mohr-Str.1
56070 Koblenz am Rhein

Swamp
Talstr.90
79102 Freiburg im Breisgau

Swutsch
Mottenstr.21
26122 Oldenburg

Symposion
Alsterdorfer Str.274
22297 Hamburg

Syndikat
Weisestr.56
12049 Berlin

TABAC
Große Bleichen 21
20354 Hamburg

Tabasco

Nürnberger Str.11
04103 Leipzig

Tabu
Halberstädter Str.138
39112 Magdeburg

Tadsch Mahal
Kulmbacher Str.3
95445 Bayreuth

Tafelhaus
Schlachte 15-18
28195 Bremen

Tafelrunde
Nachodstr.21
10779 Berlin

Tafelspitz
Einheitstr.15
50733 Köln

Tafelwasser
Berrenrather Str.377
50937 Köln

TAFF
Vor dem Steintor 25
28203 Bremen

Tag u. Nacht
Reuterstr.5
30159 Hannover

Tagenbaren
Arberger Heerstr.78
28307 Bremen

Tagtraum
Kronprinzenstr.69
40217 Düsseldorf

Taifun
Ungererstr. 19
80802 München

Taki-Taki
Bernhard-Caspar-Str. 28
30453 Hannover

Takt
Ludwigstr.30
35390 Gießen

Talblick
Blienshaldenweg 75
73734 Esslingen am Neckar

TAM-TAM
Pfarrstr.33
91522 Ansbach

Tandem
Palmbuschweg 74
45326 Essen

Tandure
Philippstr.5
66538 Neunkirchen

Tangente
Holzstr. 9
80469 München

Tankstelle
Untertorstr. 4
78315 Radolfzell

Tannenbaum
Tannenstr.3
40476 Düsseldorf

Tannenhöhe
Tannenstr.147
47798 Krefeld

Tante Emma
Neusser Str.21
47798 Krefeld

Tanzbrunnen
Moritzstr. 64

65185 Wiesbaden

24113 Kiel

Tao-Tao
Mülheimer Str.1a

40239 Düsseldorf

Tapa Tapa
Berliner Platz 11

41061 Mönchengladbach

Tapas Tapas
Königstr.3

01097 Dresden

Taste
Walltorstr.11

35390 Gießen

Tatort
Kühnauer Str.38

06846 Dessau

Tatsch
Mariannenstr.117

47799 Krefeld

Tattoo Cafe
Große Kirchstr.14

07545 Gera

Taubenschlag
Bänschstr.79

10247 Berlin

Tausch
Hiberniastr.39

44623 Herne

tbc
SchönhauserAllee177B

10119 Berlin

Teddybär
Rathausplatz 14

73432 Aalen

Teigstübchen
Stahlschmiede 6

58636 Iserlohn

Telex
Kaulbachstr.2

60594 Frankfurt am Main

Tell
Am Neumühler See 21

19057 Schwerin

Tempel
Weinstr. Nord 42

67098 Bad Dürkheim

Tempo-Treff
Passerelle 2A

30159 Hannover

Terminus
Industriestr.10

55120 Mainz a Rhein

Teufel's Küche
Helmpertstr.2

80687 München

Teufelsklause
Zum Teufelssee 13

14478 Potsdam

Texas
Porzer Ringstr.37

51149 Köln

The Dollar Bar
Kurze Str.10

40213 Düsseldorf

TIC TAC TOE
An der Untertrave 45

23552 Lübeck

Tick
Weserstr. 37

60329 Frankfurt

Tiffany

Bahnhofstr.74

35390 Gießen

Time out

Stettiner Str.29

24537 Neumünster

Timmerbeil

Boeler Str.106

58097 Hagen

Tina's Erdnüßchen

Paradiesgasse 61

60594 Frankfurt am Main

Tip Top

Schillerstr.3

46047 Oberhausen

Titanic

Corneliusstr. 34

80469 München

Töddenhoek

Rothenburg 41

48143 Münster

Töff Töff

Luxemburger Str.41

50674 Köln

Töff-Töff

Krayer Str. 136

45307 Essen

Tönnchen

Hultschiner Str.87

47055 Duisburg

Toi Toi Billardcafe

Am Meeresbrunnen 1

06122 Halle

Tol

Blumenberger Str.71

41061 Mönchen-gladbach

Tolle Knolle

Stobenstr.15

38100 Braunschweig

Tomate

Gärtnerstr. 12

10245 Berlin

Tonne

Thrasoltstr.7

10585 Berlin

Topp

Baarstr.28

58636 Iserlohn

Toppgugger

Lützner Str.550a

04205 Leipzig

Toppo

Roermonder Str.125

41068 Mönchengladbach

Torkelkeller

Hellweg 20

44787 Bochum

Torkrug

Zerrennerstr.1

39110 Magdeburg

Total Normal

Otto-Suhr-Allee 125

10585 Berlin

Total satt

Q 5 4

68161 Mannheim

Tra di noi

Lueg ins Land 1

80331 München

Trabant
Kaiserstr.1
47800 Krefeld

Trabertreff
Luruper Chaussee 34
22761 Hamburg

Training
Marburger Str.28
60487 Frankfurt am Main

Tra-la-la
Merseburger Str.193
06112 Halle

Tram
Rosenheimer Str. 67
81667 München

Tranquilo
Marktstr.92
20357 Hamburg

Transit
Karl-Bröger-Str.9
90459 Nürnberg

Trararium
Elvirastr.19
80636 München

Tratsch
Marienplatz 3
85354 Freising

Traxx
Altländer Str.10
20095 Hamburg

Treiberstuben
Rottstr.97
67061 Ludwigshafen am Rhein

Treibhaus
Marktstr.24

36037 Fulda

Trend
Otto-Grimm-Str.1
51373 Leverkusen

Trentmann
Rosenstr.25
33098 Paderborn

Treppchen
Gerhard-Rohlfs-Str. 55
28757 Bremen

Treuer Husar
Dionysiusstr.90
47798 Krefeld

Triangel
Marktstr.150
46045 Oberhausen

Trichter
Leonhardsplatz 22
70182 Stuttgart

Triftstüberl
Triftstr 1
80538 München

Trinidad
Friedrich-Ebert-Anlage 62
69117 Heidelberg

Trio
Ulmenstr.114
40476 Düsseldorf

Trittbrett
Roßdörfer Str.5
64287 Darmstadt

Trödelstübbchen
Leipziger Str.20
60487 Frankfurt am Main

Trödler

Josephstr.21

44137 Dortmund

Trödlerkneipe

Neckarstr. 216

70190 Stuttgart

Trödlerwirt

Waterloostr.8

86165 Augsburg

Troika

Dorfstr. 13

99428 Obergrunstedt

Troll

Gartenstr. 6

70563 Stuttgart

Trollhaus

Wittenburger Str. 120

19053 Schwerin

Trompete

Kleine Beurhausstr.1

44137 Dortmund

Trompetle

Köstlinstr. 109

70499 Stuttgart

Trotz

Uhlandstr.114

10717 Berlin

Trotzdem

Arndtstr.9

22085 Hamburg

Trotzkistl

Seckenheimer Str.23

68165 Mannheim

Troubadix

Lepsiusstr.32

12163 Berlin

Troubadour

Bolongarostr.113

65929 Frankfurt am Main

Truhe

Straße des Friedens 73

14557 Langerwisch

Trumpf Ass

Kreherstr.69

09127 Chemnitz

Tschako

Fünfhausen 5

23552 Lübeck

Tschako

Kölner Str.198

47805 Krefeld

Tschüß machs gut

Lange Reihe 86

20099 Hamburg

Tuba

Moselstr. 80

50674 Köln

Tulpenzwiebel

Elbstr. 102

28199 Bremen

Tuk Tuk

Weserstr.202

12047 Berlin

Tu's doch

Ganghoferstr.86

81373 München

Tusculum

Kreuzweg 6

20099 Hamburg

Tut Anch Amun

Hansapark 5
39116 Magdeburg

Tut
Oelser Str.17
90475 Nürnberg

Tute
Sredzkistr. 14
10435 Berlin

Tüt-Ei
Bahnhofstr.38
44623 Herne

TV-TREFF
Tieckstr.10
01099 Dresden

U-Bier-Ding
Ubierring 27
50678 Köln

U-Boot
Bautzner Str.75
01099 Dresden

Uebereck
Prenzlauer Allee 47
10405 Berlin

Uferlos
Leonrodstr. 43
80636 München

Ufo
Neuer Graben 74
44139 Dortmund

Uhrturm
Marktstr. 15
65183 Wiesbaden

Uhu
Leonhardstr. 4
70182 Stuttgart

Ukamau
Beckstr.17
20357 Hamburg

Ulcus
Am Stintmarkt 15a
21335 Lüneburg

Ulenspegel
Burgstr.12
26122 Oldenburg

Ultimo
Sternbuschweg 139
47057 Duisburg

Ultraschall
Grafinger Str.6
81671 München

Ultrashall
Augustenburger Str. 10
49078 Osnabrück

ULURU
Arndtstr.17
39108 Magdeburg

Umbruch
Zülpicher Str. 11
50674 Köln

Üme Ecke
Maschstr.5
30169 Hannover

Umleitung
Venloer Str.35
50672 Köln

Umut
Gulisastr.31
56072 Koblenz am Rhein

Umweg
Paul-Robeson-Str. 42

10439 Berlin

Unantastbar

Thalkirchner Str.16

80337 München

Und Tschüß

Henriettenstr.3

47169 Duisburg

UnderCover

Pennricher Str.27

01157 Dresden

Underground

Von-Römer-Str.15

95444 Bayreuth

Ungewitter

Arcisstr.62

80799 München

Unheilbar

Bergstr.25

10115 Berlin

Universum

Düsseldorfer Landstr. 89

47249 Duisburg

Unrat!

Augustinerstr.4

90403 Nürnberg

Unser Eck

Dhünnstr.21

51373 Leverkusen

Unter Kirschen

Unter Kirschen 8

50827 Köln

Unter Uns

Rheinstr. 88

65185 Wiesbaden

Unter'm Rad

Simrockstr.182

22589 Hamburg

Unverdruß

Königstr. 47

70173 Stuttgart

Up'n Swutsch

Gröpelinger Heer-Str. 350

28239 Bremen

Ups!

Augsburger Str.2

89231 Neu-Ulm

Urfaß

Westendstr.43

95028 Hof

Urknall

Sartoriusstr.14

20257 Hamburg

Urnebes

Kaiser-Friedrich-Str. 29

75172 Pforzheim

Utopia

Innsbrucker Str.42

10825 Berlin

Vagabund

Knesebeckstr.77

10623 Berlin

Vampire

Rathenauplatz 5

50674 Köln

Vamp's

Großneumarkt 58

20459 Hamburg

van Gogh

Schwimmbadstr.46

79100 Freiburg im Breisgau

Variable
Karolinenstr.23
20357 Hamburg

Vaterland
Waldstr. 1a
17454 Zinnowitz / Rügen

Vater Rhein
Haus-Knipp-Str.23
47139 Duisburg

Vater und Sohn
Schützenstr.77
44147 Dortmund

Vaters Einkehr
Kaitzer Str. 27
01069 Dresden

Veermaster
Am Hafen 2
17449 Karlshagen / Usedom

Vereinshaus
Freiligrathstr.13A
47166 Duisburg

Vergiß mein nicht
Dieskaustr.122
04249 Leipzig

Vertiko
Ahnenweg 2
40219 Düsseldorf

Vesper-Ecke
Sauerwiesen 12
67661 Kaiserslautern

Vetter
Neuenheimer-
Landstr. 5
69120 Heidelberg

vier drei neun
Vereinsstr.38
20357 Hamburg

Vier Jahreszeiten
Maximilianstr.17
80539 München

Viertel Nach
Bültenweg 89
38106 Braunschweig

Villa
Ringstr. 41a
99091 Erfurt

Violet
Dieselstr.5
89231 Neu-Ulm

Vis a Vis
Kaiser-Wilhelm-Str.9
20355 Hamburg

Viva
Barbarastr.18
79106 Freiburg im Breisgau

Voderhall
Knollstr.170
49088 Osnabrück

Vogel
Eulenstr.77
22763 Hamburg

Vogelfrei
Hellkamp 11
20255 Hamburg

Vogelsang
Morr 25
41239 Mönchengladbach

Volksfestwiese
Günzburger Str.3
86154 Augsburg

Volkswohl
Wanzleber Chaussee 7
39116 Magdeburg

Vollbier
Chausseehausstr.1
01159 Dresden

Volle Pulle
Waller Heerstr.74
28219 Bremen

Vollmond
Oranienstr.160
10969 Berlin

Vom Fass
Maximilianstr.87
86150 Augsburg

Vomwalde
Langenstrichstr.12
66538 Neunkirchen

Von Dü
Gartenfeldstr.9
55118 Mainz a Rhein

Von Zons
Kapellenweg 22
41470 Neuss

Vorreiter
Rheinaustr.6
68163 Mannheim

Vorstadtschänke
Blumlage 112
29221 Celle

Waage
Am Neuen Markt 12
14467 Potsdam

Wacht am Rhein
Gartenstr.2

76133 Karlsruhe

Wadenspanner
Kirchgasse 2
84032 Altdorf

Wägele
P 4 9
68161 Mannheim

Waffenschänke
Oberstr.21a
67065 Ludwigshafen am Rhein

Wagenrad
Soltend 11
28327 Bremen

Wagrainstüberl
Dollackerstr.36
92224 Amberg

Wahlen-Eck
Wahlenstr.2
50823 Köln

Wahn's Inn
Mariahilfstr.3
94032 Passau

Waikiki
Neureutherstr.39
80798 München

Waldesruh
Mölschbacher Str.1
67661 Kaiserslautern

Wald Gast
Weißenseestr.30
90491 Nürnberg

Wald und Meer
Förster-Schrödter-Str. 30
17459 Koserow / Usedom

Walfisch
Schützenallee 1
79102 Freiburg im Breisgau

Wallgut
Schottenstr.33
78462 Konstanz

Wallnuss
Wallstr.6
60594 Frankfurt am Main

Warteck
St.-Erentrudis-Str.40
79112 Freiburg im Breisgau

Warum nicht
Schönhauser Allee 58
10437 Berlin

Waschbar
Bebelstr. 49
70193 Stuttgart

Waschhäusle
Graben 31
95028 Hof

Waschkuchl
Luisenstr.25
80333 München

Waschmann
Steinbißstr.7
52353 Düren

Wasserfloh
Mattentwiete 9
20457 Hamburg

Wasserski
Am Hufeisensee
06116 Halle

Waterkant
Mühlenbrücke 4

24534 Neumünster

WATERLOO
Stadtbahnstr.39
22393 Hamburg

Watt'n Blick
Wehrbergsweg 34
27476 Cuxhaven

Wawuschel
Heinrichstr.1
44623 Herne

Weiberwirt-schaft
Georg-Schumann-Str. 329
04159 Leipzig

Weihwasserkessel
Florinspfaffengasse 1
56068 Koblenz am Rhein

Weil & Weil
Marktstr.43
60388 Frankfurt am Main

Weinkirch
Lehwaldstr.27
41236Mönchen-gladbach

Weinloch
Andertensche-Wiese 14
30169 Hannover

Weinscheuer
Heidelberger Landstr.287
64297 Darmstadt

Weinstad'l
Klausenberg 14
86199 Augsburg

Weinstein
Jägersberg 6

24103 Kiel

Weintrödler

Wittelsbacherplatz 1

80333 München

Weirauch

Musfeldstr.78

47053 Duisburg

Weiss Blau

Sudetendeutsche-Str. 30

80937 München

Weiß

In der Delle 4

45529 Hattingen

Weißbierstube

Marktplatz 4

73728 Esslingen am Neckar

Weisse Lilie

Berger Str.275

60385 Frankfurt am Main

Weiße Fahne

Auf der Schanze 5

99092 Erfurt

Weiße Maus

Taubenstr.13

20359 Hamburg

Weißer Bock

Große Mantelgasse 24

69117 Heidelberg

Weißer Schwan

Am Frauenplan 23

99423 Weimar

Weißröss

Grasersgasse 1

90402 Nürnberg

Weißes Roß

Hauptstr. 26

99192 Apfelstädt

Weizenpeter

Bodmanstr.34

87439 Kempten

Welp

Herzebrocker Str.241

33334 Gütersloh

Welser-Kuche

Residenzstr.27

80333 München

Werkbar

Grafinger Str. 6

81671 München

Werkstatt

Große Rittergasse 106

60594 Frankfurt am Main

Window 25

Taunustor 2

60311 Frankfurt am Main

Wespennest

Auf dem Nol 31

86179 Augsburg

Westen

Demmeringstr.32

04177 Leipzig

Widukind-Klause

Friesenweg 37

49086 Osnabrück

Wie Bitte

Rumfordstr.39

80469 München

Wie es Euch gefällt

Barmbeker Str.57

22303 Hamburg

Wiener Rutsch'n
Sendlinger-Tor-Platz 11

80336 München

Wiener's
Leopoldstr.250

80807 München

Wienert
Höhenweg 109

45359 Essen

Wiesenhügel
Färberwaidweg 2

99097 Erfurt

Wiesenstube
Wiesendamm 23

22305 Hamburg

Wigwam
Kaiserstr.1

76131 Karlsruhe

Wikinger
Kurfürsten-Anlage 25

69115 Heidelberg

Wilddieb
Poststr. 8

50676 Köln

Wilde Orchidee
Warmsdorfstr.9

24537 Neumünster

Wilder Mann
Anzinger Str.40

81671 München

Wildes Dorfstadl
Ernst-Wille-Str.25

39116 Magdeburg

Wille

Lenglerner Str.37

37079 Göttingen

Willkomm
Boderitzer Str.25a

01217 Dresden

Windbeutel
Bauerstr. 1

80796 München

Windfang
Wandsbeker Chaussee 33

22089 Hamburg

Windlicht
Königswall 77

32423 Minden

Windmühle
Obertorstr.7

73728 Esslingen am Neckar

Windsor
Florastr.4

45879 Gelsenkirchen

Windstärke 11
Hansaplatz 3

20099 Hamburg

Wingershof
Wingershofer Str.30

92224 Amberg

Wintergarten
Georgenstr.43

92224 Amberg

Winzig
Hauptstr.69

91054 Erlangen

Winzling
Amsterdamer Str.5

13347 Berlin

Wirtschaft

Rennweg 2

79106 Freiburg im Breisgau

Wirtschaftswunder

Yorckstr.81

10965 Berlin

Wirtshaus am Lech

Leipziger Str.50

86169 Augsburg

Wis a Wis

Rudolf-Breitscheid-Strasse

14482 Potsdam

Wittekindstal

Widukindstr.10

32429 Minden

Witwe Bolte

Bierpohlweg 28

32425 Minden

Wochn'blatt

Altstadt 362

84028 Landshut

Wok-Man

Brückstr.15

44135 Dortmund

Wolff's Art

Freiherr-vom-Stein-Allee 3a

99425 Weimar

Wolfshöhle

Konviktstr.8

79098 Freiburg im Breisgau

Wolke

Liefergasse 5

40213 Düsseldorf

Wolkenbruch

Rotlintstr.47

60316 Frankfurt am Main

Wollhaus

Wollhausstr.35

74072 Heilbronn

Wolpertinger

Maximilianstr.77

86150 Augsburg

Woolloomooloo

Röntgenstr.7

10587 Berlin

Worldcup

Mauerstr.3

35039 Marburg

Wünsche

St.-Anna-Str. 13

80538 München

Wum-Stüble

Todtnauer Str.1

79115 Freiburg im Breisgau

Wunder-Bar

Nordermarkt 6

24937 Flensburg

Wundergärtla

Martin-Richter-Str.16

90489 Nürnberg

Wunderlampe

Rosenstr.16

35037 Marburg

Wundertüte

Bahnhofstr.49

35390 Gießen

Wurstkuchl

Baierbrunner Str. 1

81379 München

Wurzelstübchen

Heinrich-Mann-Allee 69
14478 Potsdam

Xenia
Wilhelmstr. 26
18586 Sellin / Rügen

X-Dream
Frankfurter Str.55
36043 Fulda

XtraWurst
Wolfhager Str.391
34128 Kassel

X-YPSILON
Hauptstr.190
75181 Pforzheim

XXL
Brandenburger Str. 9
14467 Potsdam

Yesterday
Neumühler Str.2
46149 Oberhausen

Yigits
Saarlandstr.2
77652 Offenburg

Yol
Schützenstr.33
35039 Marburg

Ypsilon
Hauptstr.163
10827 Berlin

Z
Am Bocklerbaum 23
45307 Essen

Zacherlgarten
Ohlmüllerstr.40
81541 München

Zack-Zack
Rensingstr.5
44807 Bochum

Zamperl
Baaderstr.28
80469 München

Zander
Karl-Gruhl-Str. 55
14482 Potsdam

Zäpfle
Theodor-Heuss-Str.5
78467 Konstanz

Zapphän'l
Prinzregentenstr.55
67063 Ludwigshafen am Rhein

Zauberberg
Hedwigstr. 14
80636 München

Zauberlehrling
Kölner Str.31
45145 Essen

Zaubermaus
Kielstr.32b
44145 Dortmund

ZAUBER-TRANK
Winterhuder Weg 24
22085 Hamburg

Zebra
Hornungstr.44
86161 Augsburg

Zebulon
Vilsstr.8
92224 Amberg

Zechengasthaus

August-Schmidt-Platz 3

45896 Gelsenkirchen

Zechstüberl

Fallstr. 38

81369 München

Zeit

Sack 24

38100 Braunschweig

Zeitgeist

Großenhainer Str.93

01127 Dresden

Zeitlos

Aplerbecker- Marktplatz 21

44287 Dortmund

Zeitraffer

Streitstr.86

13587 Berlin

Zeitungsente

Neubrunnenstr.7a

55116 Mainz a Rhein

Zentner

Schellingstr.122

80798 München

Zentral

Marktplatz 6

92224 Amberg

Zentrale

N 4 15

68161 Mannheim

Zeppelin

Zeppelinstr. 39

14471 Potsdam

Zeus

Dornheimer Weg 72

64293 Darmstadt

Zicke

Bäckerstr.5a

40213 Düsseldorf

Zic-Zac

Rosenheimer Str.240

81669 München

Ziege

Kreuzstr.33/34

48143 Münster

Ziegelhütte

Martinsstr.28

55116 Mainz a Rhein

Zigarre

Barfußgäßchen 10

04109 Leipzig

Zigzag

Rohledererstr.6

90419 Nürnberg

Zikade

Kurfürstenstr.2a

50678 Köln

Zinkes

Casinostr.45

56068 Koblenz am Rhein

Zinnlöffel

Eichenstr.82

26131 Oldenburg

Zipfel-Stübla

Promenade 25

46047 Oberhausen

Zisch

Wodanstr.71

90461 Nürnberg

Zitrone

Pezolddamm 160

22159 Hamburg

Zom Hexle
Keplerstr.2

71636 Ludwigsburg

Zone
Schwabstr.1

73037 Göppingen

Zornickel
Edigheimer Str.100

67069 Ludwigshafen

Zsardas Fürstin
Bolkerstr.55

40213 Düsseldorf

Zua Gruam
Thalkirchner Str.114

81371 München

Zuckerhut
Reichsstr.13

04109 Leipzig

Zu den 3 Brunnen
Eppinghofer Str.31

45468 Mülheim an der Ruhr

Zu den 7 Zwergen
Rüppurrer Str.24a

76137 Karlsruhe

Zu den Hexen
Robert-Bunsen-Str. 7C

79108 Freiburg im Breisgau

Zufall
Pfalzburger Str.10

10719 Berlin

Zulauf
Barnerstr.10A

22765 Hamburg

Zu Mir

Rentzelstr.20

20146 Hamburg

Zum Abzweig
Martener Str.327

44379 Dortmund

Zum Ackerbürger
Silberstr.3

44532 Lünen

Zum Advokaten
Kaiserstr.24

44135 Dortmund

Zum Albatros
Brixstr.24

24943 Flensburg

Zum Alstadener
Alstadener-Str.112-114

46049 Oberhausen

Zum Alten Gewerk
Auf der Altstadt 13

21335 Lüneburg

Zum alten Hobel
Helferstr.3

73430 Aalen

Zum alten Senator
Neanderstr.27

20459 Hamburg

Zum Altmärker
Fröbelstr.132a

39110 Magdeburg

Zum Amboß
Eberhard-Hoesch-Str 124

52351 Düren

Zum Ammersee

Stangenbrunnengasse 28

67433 Neustadt

Zum Auerhahn

Eschersheimer- Landstr. 418

60433 Frankfurt am Main

Zum Auto

Stationsstr.7

68305 Mannheim

Zum Bännjerrück

Langenfeldstr.56

67655 Kaiserslautern

Zum Baumacker

Baumacker 2a

22523 Hamburg

Zum Bayern-Kini

Deutschenbaurstr.34

86157 Augsburg

Zum Lichtblick

Donauwörther Str.82

86154 Augsburg

Zum Beckschlager

Rosental 1

,90403 Nürnberg

Zum Beichtstuhl

Kapuzinerstr.30

55116 Mainz a Rhein

Zum Beimskrug

Flechtinger Str.22a

39110 Magdeburg

Zum Bergalten

Adolfstr.50

45468 Mülheim an der Ruhr

Zum Bild

Voßstr.20

30161 Hannover

Zum Billiger Wald

Kirschenallee 82

53881 Euskirchen

Zum Binsebub

Untere Neckarstr.30

69117 Heidelberg

Zum Bitchen

Lohtorstr.13

74072 Heilbronn

Zum Blauen Bock

Rühlinstr. 12

75365 Calw - Heumaden

Zum Böckchen

Große Rittergasse 52

60594 Frankfurt am Main

Zum Brandanfang

Deichstr.25

20459 Hamburg

Zum Briefkasten

Rappoltweg 7

21031 Hamburg

Zum Bruchpiloten

Blankenseer Str.102

23562 Lübeck

Zum Brückenaffen

Obere Neckarstr.4

69117 Heidelberg

Zum Bruderhaus

Fährstr.237

40221 Düsseldorf

Zum Brummi

Wöhlerstr.2

79108 Freiburg im Breisgau

Zum Bubi

Otto-Röhm-Str.36

64293 Darmstadt

Zum Busch 54

Beilstr.16

68159 Mannheim

Zum Buttjer

Königstr.32

32423 Minden

Zum Crümel

Kölner Landstr.360D

40589 Düsseldorf

Zum Dampfroß

Bahnhofstr.18a

90518 Altdorf b Nürnberg

Zum Denkmal

Kempener Str.115

50733 Köln

Zum Dippche

Arnsburger Str.33

60385 Frankfurt am Main

Zum Distelhäuser

Wimpfener Str.1

74078 Heilbronn

Zum Dotterle

Drachenfelsstr.40

67065 Ludwigshafen

Zum Ei

Waldemar-Becké-

Platz 1

27568 Bremerhaven

Zum Eichkatzerl

Dreieichstr.29

60594 Frankfurt am Main

Zum Einhorn

Alt Bonames 2

60437 Frankfurt am Main

Zum Einsiedler

Augsburger Str.82

01277 Dresden

Zum Elsternest

Gottlob-Schreber-Weg 2

76199 Karlsruhe

Zum Elvis

Waldstr.82

63071 Offenbach am Main

Zum Entenstall

Entengasse 19

90402 Nürnberg

Zum Eumel

Maybachufer 39

12047 Berlin

Zum Ewigen Licht

Wälsungenstr.1

80634 München

Zum Feldwebel

Grüner Weg 9

58644 Iserlohn

Zum Feuerrädchen

Textorstr.24

60594 Frankfurt am Main

Zum Fläschchen

Alt Nied 24

65934 Frankfurt am Main

Zum Fliegenpilz

Morgensternstr.12

12207 Berlin

Zum Flössla

Unterer Bergauerpl.12

90402 Nürnberg

Zum flotten Hecht
Prinzenallee 81
13357 Berlin

Zum Förderturm
Bergtal 4
38640 Goslar

Zum Frauenlob
Frauenlobstr.2
55118 Mainz a Rhein

Zum Frechdachs
Neustadt 64
29225 Celle

Zum Freien Turner
Pleikartsförster Str.95
69124 Heidelberg

Zum Freihafen
Fabrikstr.23a
47119 Duisburg

Zum Frieden
Wernerstr.45
01159 Dresden

Zum Frühaufsteher
Robert-Nhil-Str.2
20099 Hamburg

Zum Gärbottich
Hildesheimer Str.115
30173 Hannover

Zum Gauß
Gaußstr.4
60316 Frankfurt am Main

Zum Gebirg
Große Weißgasse 7
55116 Mainz a Rhein

Zum Gerücht
Altlaubegast 5

01279 Dresden

Zum Gickel
Gänsmarkt 2
55128 Mainz a Rhein

Zum Giggels
Friedrichstr.41
41460 Neuss

Zum Glaskasten
Saarlandstr.29a
22303 Hamburg

Zum Goldfisch
Fürstenstr.28
09130 Chemnitz

Zum Grafschafter
Kirchstr.40
47441 Moers

Zum Grenzeck
Bickernstr.166
45889 Gelsenkirchen

Zum Groschen
Friedrichstr.15
41460 Neuss

Zum Grütznickel
Rathausstr.10
09111 Chemnitz

Zum guten Happen
Türrschmidtstr.37
10317 Berlin

Zum Guten Tropfen
Brunsbütteler-
Damm 66
13581 Berlin

Zum Hackerkrug

Schyrenstr.8
81543 München

Zum Hackstück
Hackstückstr.123
45527 Hattingen

Zum Häfala
Wallensteinstr.22
90439 Nürnberg

Zum Hafenmund
Dammstr.27
47119 Duisburg

Zum halben Mond
Sielwall 73
28203 Bremen

Zum Halben Wege
Oldenburger Str.140
27753 Delmenhorst

Zum Hanseaten
Schauenburgerstr.42
20095 Hamburg

Zum Häschen
Hochstr.82
56070 Koblenz am Rhein

Zum Hasenbäcker
Trippstadter Str.17
67663 Kaiserslautern

Zum Hasenbuck
Gugelstr.93
90459 Nürnberg

Zum Häßlichen
Hausener Weg 90
60489 Frankfurt am Main

Zum Hauderer
Deichhof 4
32423 Minden

Zum Heiermann
Bürgermeister-Smidt-Str. 134
27568 Bremerhaven

Zum Himmelreich
Annette-Allee 9
48149 Münster

Zum Himmelwirt
Sondershäuser Str.39
99091 Erfurt

Zum Hobby
Zanggasse 26
55116 Mainz a Rhein

Zum Hobel Wirt
Paumgartnerstr.22
90429 Nürnberg

Zum Hobel
Marler Str.1
45894 Gelsenkirchen

Zum Hohnerkamp
Bramfelder Chaussee 390
22175 Hamburg

ZumHolstenwappen
Binnenfeldredder34a
21031 Hamburg

Zum Hotzenplotz
Mauerstr.34
64289 Darmstadt

Zum Hucken
Huckenstr.13
32429 Minden

Zum Hühnerhof
Wendenring 18
38114 Braunschweig

Zum Hühnerstall

Am Meßplatz 5
68169 Mannheim

Zum Humpen
Hohe Str.48
44139 Dortmund

Zum Hundefreund
Mühlenweg
03048 Cottbus

Zum Hydrant
Pestalozzistr.83
10627 Berlin

Zum Icke
Willmanndamm 12
10827 Berlin

Zum Irrgarten
Hauptstr.12
45527 Hattingen

Zum Isartal
Brudermühlstr.2
81371 München

Zum Jennerwein
Belgradstr.27
80796 München

Zum Jungborn
Am Jungbornpark 208
47445 Moers

Zum Kanonier
Frühlingstr.32
85055 Ingolstadt

Zum Karnickel
Kaninchengasse 3
38640 Goslar

Zum Käse-Maik
Bornaer Str.42
09114 Chemnitz

Zum Kavalerieheim
Alexanderstr.6
90762 Fürth

Zum Kicker
Hügelstr.40
46117 Oberhausen

Zum Kiebitz
Gibitzenhofstr.82
90443 Nürnberg

Zum kleinen Butjer
Friedrich-Ebert-Str.33
28199 Bremen

Zum kleinen Lord
Christian-Pleß-Str.2
63069 Offenbach am Main

Zum Klönschnack
Fleischhauerstr.54
23552 Lübeck

Zum Knerzje
Bonifaziusstr.3
55118 Mainz a Rhein

Zum Knickeck
Barmbeker Str.13
22303 Hamburg

Zum Knorrigen
Lotharstr.144
47057 Duisburg

Zum Kohlenache
Rheinstr.23
55116 Mainz a Rhein

Zum Konkurs
Heerstr.37

40227 Düsseldorf

Zum Korken
Müllerstr.131

13349 Berlin

Zum Kreisverkehr
Friedrich-Ebert-Pl.32

52351 Düren

Zum Krokodil
Tangstedter Landstr. 232

22417 Hamburg

Zum Kuhhirten
Kuhhirtenweg 9

28201 Bremen

Zum Kümmel
Hannoversche Str.9

39110 Magdeburg

Zum Kumpel
Berliner Platz 21

22045 Hamburg

Zum Lampenputzer
Wiclefstr.60

10551 Berlin

Zum Laternchen
Schwaneweder-

Str. 60A

28779 Bremen

Zum Laubenpieper
Schinkelbergstr.51

49084 Osnabrück

Zum letzten Bullen
Ingolstädter Str.51

12621 Berlin

Zum letzten Heller
Rosdorfer Weg 22

37073 Göttingen

Zum letzten Pferd
Grevenbroicher Str. 62

50829 Köln

Zum Loch
Am Glockenberg 12

45134 Essen

Zum Lohboden
Stresemannstr.20

68165 Mannheim

Zum Lokalbahnhof
Darmstädter-

Landstr. 14

60594 Frankfurt am Main

Zum Lügenfritz
Krückenweg 128

44225 Dortmund

Zum Luftballon
Neue Linner Str.7

47799 Krefeld

Zum Magendoktor
Mareschstr.19

12055 Berlin

Zum Maibaum
Georg-Wopfner-Str. 17

80939 München

Zum Mariandl
Schwanthalerstr.150

80339 München

Zum Meisterlein
Meisterleinsplatz 1

90489 Nürnberg

Zum Muffel
Am Tümpelgarten 23

63452 Hanau

Zum Mundschenk
Evinger Str.268

44339 Dortmund

Zum Muskelkater
Kieferstr.34

44225 Dortmund

Zum Neuling
Neulingstr.42

44795 Bochum

Zum Nordpol
Bergener Str.139

44807 Bochum

Zum Nudeln
Ackerstr.181

40233 Düsseldorf

Zum offenen Ohr
Foorthkamp 65

22419 Hamburg

Zum Oldtimer
Wiesestr.90

07548 Gera

Zum Pantoffel
Rickmersstr.44

27568 Bremerhaven

Zum Pascha
Krozinger Str.11

79114 Freiburg im Breisgau

Zum Pfännla
Stromerstr.1

90443 Nürnberg

Zum Pharisaer
Hamburger Hochstr. 31

22767 Hamburg

Zum Pottkieker

Hoher Turm 3

31137 Hildesheim

Zum Präsidenten
Von-der-Tann-Str.13

44143 Dortmund

Zum Prater
Dessauer Str.6

39114 Magdeburg

Zum Preiß'n Bäider
Sportplatzstr.17

90765 Fürth

Zum Prellbock
Zuckschwerdtstr.16

65929 Frankfurt am Main

Zum Prölken
Flensburgstr.1a

58093 Hagen

Zum Prösterchen
Gleiwitzstr.156

44328 Dortmund

Zum Puck
Curtiusstr.2

45144 Essen

Zum Pütt
Oswaldstr.6

59075 Hamm

Zum Pumpernickel
Hauptstr.38

44651 Herne

Zum Puschen
Brabandtstr.2

29221 Celle

Zum Quietscheck

Friedrichstr.16

06844 Dessau

Zum Rabenstein

Römerstr.70

66540 Neunkirchen

Zum Rabenvater

Rabestr.18

06844 Dessau

Zum Rammler

Max-Liebermann-

Str. 83

04157 Leipzig

Zum Rappen

Rappenstr.2

76227 Karlsruhe

Zum rauhen Mann

Insel 4

79098 Freiburg im Breisgau

Zum Rössle

Waldenserstr. 16

75382 Althengstett

Zum Rollmops

Zeltplatz

17429 Bansin / Usedom

Zum Riesen

Hartmannstr.62

67063 Ludwigshafen am Rhein

Zum Runkelplatz

Dierdorfer Str.130

56564 Neuwied

Zum Salzbüchsle

Salmannsweilergasse 26

78462 Konstanz

Zum Salzrümpchen

Salierring 38

50677 Köln

Zum Salzwirker

Mansfelder Str.11

06108 Halle

Zum Sämann

Märkischer Ring 100

58097 Hagen

Zum Samowar

Talstr.38

07545 Gera

Zum Sandknapp

Soester Str.264

59071 Hamm

Zum Saumagen

Maillingerstr.7

80636 München

Zum Saupreuß

Straßmannstr.1

10249 Berlin

Zum Schäfchen

An der Ziegelhütte 2

66540 Neunkirchen

Zum Schambes

Augustinerstr.7

55116 Mainz a Rhein

Zum Schanzl

Bahnhofstr.14

94032 Passau

Zum Schauermann

Neustädter Str.43

20355 Hamburg

Zum Schaukelstuhl

Theresienstr.38

80333 München

Zum Scheurer

Kirchstr.10

51143 Köln

Zum Schievedamm

Kölner Str.41a

41464 Neuss

Zum Schildbürger

Schlegelstr.4

30625 Hannover

Zum Schimmel

Neusser Str.612

50737 Köln

Zum Schläpple

Eichhornstr.84a

78464 Konstanz

Zum Schlips

Brückstr.64

44135 Dortmund

Zum Schlupfwinkel

Wittichstr.3

64295 Darmstadt

Zum Schlußlicht

Große Freiheit 88

22767 Hamburg

Zum Schlut

Zum Schlut 1

28309 Bremen

Zum Schrödlwirt

Endterstr.13

90459 Nürnberg

Zum Schrompel

Klappergasse 3

60594 Frankfurt am Main

Zum Schuh

Admiral-Scheer-Str. 14

95030 Hof

Zum Schuldturm

Vordere Insel Schütt 4

90403 Nürnberg

Zum Schultenhof

Schultenhof 3

44652 Herne

Zum Schwänlein

Hintere Sterngasse 11

90402 Nürnberg

Zum Silbersack

Silbersackstr.9

20359 Hamburg

Zum Skipper

Kaltehofe-Hinterdeich 12

20539 Hamburg

Zum Sorgenbecher

Ulmer Str.224

86156 Augsburg

Zum Spatenstich

Hagsfelder Allee 24

76131 Karlsruhe

Zum Spatz

Löhrstr.129

56068 Koblenz am Rhein

Zum Spicker

Martin-Luther-Str.4

20459 Hamburg

Zum Spieß

Lüdersring 2d

22547 Hamburg

Zum Spreisel

Neckarstaden 66

69117 Heidelberg

Zum Spritzenhaus
Bekassinenau 81

22147 Hamburg

Zum Stadtrat
Franz-Liszt-Str.2

73430 Aalen

Zum Stamperl
Heideckstr.18

80637 München

Zum Steckelhörn
Steckelhörn 12

20457 Hamburg

Zum Steg
Dachauer Str.29

80335 München

Zum Stehgeiger
Paradeplatz 9

85049 Ingolstadt

Zum Steppke
Brandenburgische-

Str. 47

10707 Berlin

Zum Sterntaler
Vordere Sterngasse 22

90402 Nürnberg

Zum Stiefelknecht
Fürsetzer Str.64

95448 Bayreuth

Zum Stiftsherren
Lübecker Str.121

22087 Hamburg

Zum stillen Winkel
Radolfzeller Str.43

78467 Konstanz

Zum Stillen Zecher
Rödensdorfer Str.21

95448 Bayreuth

Zum Stolpereck
Viktoriastr.18

55130 Mainz a Rhein

Zum Storcheneck
Nelkenweg 1

81379 München

Zum Strohhalm
Langenhorner Chaussee 342

22419 Hamburg

Zum Stuken
Grimmestr.35

58099 Hagen

Zum Szültenbürger
Prinzenstr.7

37073 Göttingen

Zum Teuferl
Milchstr.17

81667 München

Zum Tolpatsch
Wismarer Str.6

12207 Berlin

Zum Topfgucker
Motzstr.91

10779 Berlin

Zum Torfmoor
Am Torfmoor 3

01109 Dresden

Zum Traber
Hansemannstr.9

45879 Gelsenkirchen

Zum Tresen
Friedrich-Wilhelm-Str. 47
38100 Braunschweig

Zum Treuen Husar
Marstallstr.1
33104 Paderborn

Zum Troll
Lauensteiner Str.11
01277 Dresden

Zum Trommler
Wittekindstr.35
44139 Dortmund

Zum Tröpfchen
Kaiserstr.109
44143 Dortmund

Zum Uerige-Treff
Friedensplatz 13
46045 Oberhausen

Zum Umsteiger
Hermannstr.159
12051 Berlin

Zum Unterstand
Am Dicken Turm 45
58636 Iserlohn

Zum Valentin
Pfalzgrafenstr.28
67061 Ludwigshafen

Zum Verholer
Fischmarkt 25
22767 Hamburg

Zum Vulkan
Krozinger Str.9
79114 Freiburg im Breisgau

Zum Walfisch
Jakobstr.19
90402 Nürnberg

Zum Wasserturm
Moorburger-Elbdeich 161
21079 Hamburg

Zum Wattenlöper
Hauptstr.84
27478 Cuxhaven

Zum Wattkorn
Tangstedter Landstr. 230
22417 Hamburg

Zum Wegweiser
Aachener Str.295
41061 Mönchen-gladbach

Zum weißen Pferd
Hofstr.31
41065 Mönchengladbach

Zum Wetterwart
Heerenstr.32
45145 Essen

Zum Widder
Hermannstr.96A
66538 Neunkirchen

Zum Wilderer
Sündersbühlstr.1
90439 Nürnberg

Zum Windhuck
Dieselstr.12
46049 Oberhausen

Zum Windjammer
Davidstr.34
20359 Hamburg

Zum Winterfloß
Bürgermeister-Regitz-Str. 44
66539 Neunkirchen

Zum Wolpertinger
Homburger Landstr.1
60389 Frankfurt am Main

Zum Zeilenwirt
Otto-Thörner-Str.20
09127 Chemnitz

Zum Zollstock
Brunnenstr.5
50969 Köln

Zum Zum
Pfälzerstr.56
38112 Braunschweig

Zum Zwilling
Eckenheimer Landstr.75
60318 Frankfurt am Main

Zunfthaus
Thalkirchner Str.76
80337 München

Zunftstube
Senserstr.20
81371 München

Zur 1000
Am Westfriedhof
50829 Köln

Zur 13
Weinberg 13
06449 Aschersleben

Zur 3. Halbzeit
St.-Josef-Str.30
39130 Magdeburg

Zur Alten Flöte
Koppel 6
20099 Hamburg

Zur alten Kate
Rheinstr.103

28199 Bremen

Zur Alten Kehre
Grellkamp 51
22415 Hamburg

Zur alten Schmette
Königsiepen 25
45259 Essen

Zur Ampel
Mittelstr.99
56564 Neuwied

Zur Ansiedlung
St.-Veit-Str.72
81673 München

Zur Arche
Zeppelinstr.9
50667 Köln

Zur Ausweiche
Marxstr.97
45527 Hattingen

Zur Badewanne
Fischpfortenstr.6
31785 Hameln

Zur Baumwolle
Adlerstr. 18-20
90403 Nürnberg

Zur Berlinerin
Schillerstr.40
36043 Fulda

Zur Bockwurscht
Kesselsdorfer Str.80
01159 Dresden

Zur Bombe
Mörikestr.24
67071 Ludwigshafen

Zur Brennerei
Hauptstr.81
56566 Neuwied

Zur Brez'n
Barthshof 2
86150 Augsburg

Zur Brutzelecke
Lagerhausstr.12
67061 Ludwigshafen

Zur Bürste
Pollhornbogen 2
21107 Hamburg

Zur Butterheide
Butterheider Str.63
51371 Leverkusen

Zur Dampflok
Fürther Str.308
90429 Nürnberg

Zur Drehbrücke
An der Untertrave 62
23552 Lübeck

Zur Einkehr
Joachim-Friedrich-Str. 30
10711 Berlin

Zur Entgleisung
Fritz-Hesse-Str.47
06844 Dessau

Zur Erholung
Hastedter Heerstr.397
28207 Bremen

Zur Faßdaube
Weinstr.269
67434 Neustadt

Zur Festwiese
Schwanthalerstr.85

80336 München

Zur Flora
Florastr.66
47119 Duisburg

Zur Freßluke
Färberstr.30
90402 Nürnberg

Zur Freundschaft
Wieskirchstr.2
81539 München

Zur Früh Hütt
Breite Gasse 29
60313 Frankfurt am Main

Zur Germania
Textorstr.16
60594 Frankfurt am Main

Zur Glitzerburg
Schwarzer Stein 50
34127 Kassel

Zur Goldgrube
In der Goldgrube 31
56073 Koblenz am Rhein

Zur Grotte
Max-Brauer-Allee 92
22765 Hamburg

Zur Guten Laune
Kiefholzstr.35
12435 Berlin

Zur Haltestelle
Brückenstr.3
12439 Berlin

Zur Heide
Mecklenburger-Weg 117
27578 Bremerhaven

Zur Hexe

Maximilianstr.75

86150 Augsburg

Zur Höh

Prälat-Schütz-Str.32

66540 Neunkirchen

Zur Höhl

Falkenstr.2

66538 Neunkirchen

Zur Kachel

Rolfinckstr.10

22391 Hamburg

Zur Kanone

Flößaustr.143

90763 Fürth

Zur Käsmühle

Dietesheimer Str.408

63073 Offenbach am Main

Zur Kelter

Poststr.176

55126 Mainz a Rhein

Zur Klappsmühl

Bruchköbeler Landstr. 52a

63452 Hanau

Zur kleinen Gruft

Allerheiligenstr.19

60313 Frankfurt am Main

Zur Klinke

Miltitzer Allee 44

04205 Leipzig

Zur Kluse

An der Kluse 27b

45133 Essen

Zur Kochkelle

Hammarskjöldring 73a

60439 Frankfurt am Main

Zur Kornblume

Marktstr.193

47798 Krefeld

Zur Küste

Marienstr.22

27472 Cuxhaven

Zur Kull

Palmstr.8

47803 Krefeld

Zur Kurpfalz

Mannheimer Str.82

68309 Mannheim

Zur Lachtaube

Flurscheideweg 18

65936 Frankfurt am Main

Zur Landesgrenze

Am Botterbarg 103

22589 Hamburg

Zur Lauer

Lauerscher Weg 68

04249 Leipzig

Zur letzten Instanz

Waisenstr.14

10179 Berlin

Zur letzten Minute

Alter Landweg 36

22113 Hamburg

Zur letzten Runde

Spandauer Damm 155

14050 Berlin

Zur Louisa

Königsbrunnenweg 21

60598 Frankfurt am Main

Zur Mainkur
Hanauer Landstr.568

60386 Frankfurt am Main

Zur Mainlust
Farbenstr.21

65931 Frankfurt am Main

Zur Marktbreite
St.-Josef-Str.80

39130 Magdeburg

Zur Maulkuppe
Maulkuppenstr.4

36043 Fulda

Zur Miene
Zschopauer Str.287

09126 Chemnitz

Zur Nachbarschaft
Moselweißer Str.27

56073 Koblenz am Rhein

Zur Oase
Stahlheimer Str.30

10439 Berlin

Zur Ostalgie
Schönebecker Str.52

39104 Magdeburg

Zur Pfarrklause
Pfarrstr.138

10317 Berlin

Zur Post
Berliner Str.13

13187 Berlin

Zur Postmeile
Frankfurter Allee 205

10365 Berlin

Zur Quelle
Alt-Moabit 87

10559 Berlin

Zur Rheinflotte
Rheinstr.131

56564 Neuwied

Zur Rheinlust
Herrenwaldstr.37

67063 Ludwigshafen am Rhein

Zur Rinne
Jahnstr.15

85049 Ingolstadt

Zur Rutsch'n
Cottenbacher Str.2

95445 Bayreuth

Zur Schanze
An der Schanze 42

24159 Kiel

Zur Schlothex
Friedrichstr.55

91054 Erlangen

Zur Schwaige
Schloß Nymphenburg

80638 München

Zur Seenplatte
Kalkweg 164A

47279 Duisburg

Zur Startbahn
Eichendorffstr.10

51147 Köln

Zur Steinpforte
Mülheimer-Freiheit 150

51063 Köln

Zur Straßenbahn
Heidestr.152b

60385 Frankfurt am Main

Zur Stromquelle
Hilligerstr.2
04357 Leipzig

Zur Sudpfanne
Oberkonnersreuther Str.6
95448 Bayreuth

Zur Sülzwiese
Hinter der Sülzmauer 56
21335 Lüneburg

Zur Tankstelle
Freiimfelder Str.82
06112 Halle

Zur Tant
Rheinbergstr.49
51143 Köln

Zur Trotte
Fischerau 28
79098 Freiburg im Breisgau

Zur Uhr
Emmastr.13a
45130 Essen

Zur Unterführung
An der Mühle 95
27570 Bremerhaven

Zur Villenkolonie
Unterfürberger Str.87
90768 Fürth

Zur Vogelscher
Alstedder Str.16
44534 Lünen

Zur Wache
Jagowstr.30
10555 Berlin

Zur Warte
Merseburger Str.421

06132 Halle

Zur Wasserburg
Arsterdamm 96
28277 Bremen

Zur Werkstubb
Leunastr.18
65929 Frankfurt am Main

Zur Windrose
Wandsbeker Chaussee 178
22089 Hamburg

Zur Windsbraut
Heinrich-Mann-Str.1
03050 Cottbus

Zur Witwe
Ludwigstr.4
44135 Dortmund

Zur Woipress
Seligenstädter Str.72
63456 Hanau

Zur Zauberflöte
Wiesestr.67
07548 Gera

Zur Zeitenwende
Zeitenwendeplatz 4
90451 Nürnberg

Zur Zukunft
Lange Str.88
90762 Fürth

Zur Zwiwwel
Darmstädter Landstr.23
60594 Frankfurt am Main

Zweistein
Hans-Sachs-Str. 12
80469 München

Zweite Heimat

Ostheimer Str.16

51103 Köln

Zwiebel

Elbtreppe 7

22763 Hamburg

Zwickel

Marienstr. 28

70178 Stuttgart

Zwickmühle

Theresienstr. 70

80333 München

Zwingerblick

Postplatz

01067 Dresden

Zwinger Eck

Rumfordstr.35

80469 München,

Zwischendurch

Dreieichstr.34

60594 Frankfurt am Main

Zwischenlösung

Rosenheimer Str. 123

81667 München

Zwischenzeit

Leonhardtstr. 1

14057 Berlin

Zwitscher Klause

Boxhagener Str.16

10245 Berlin

Zylinder

Bötzinger Str.31

79111 Freiburg im Breisgau